魅力男人學

形象專家幫幫忙

風華萬丈，塑造獨一無二的外在形象

男人形象魅力的完美塑造

CHARMI
MENOLOGY

高麗 著

第一印象的重要性，呈現男士「顏面」的關鍵元素

穿搭風格指南的 TPO 原則，打造個人時尚而獨特的形象

男士風度展現於舉手投足間，形象塑造的成敗關鍵在細節

提供完整的行為指引，使男士在社交場合更為自信

——沒有「面子」，哪裡會有形象

目錄

目錄

章節 6　情緒管理

章節 7　責任與愛

章節 8　男人的形象成敗於細節

自序

有人說：這個時代，是一個看氣場、看形象的時代。

的確，對於男士而言，想要在職場、商界立足，必須擁有強硬的氣場，以及讓人過目不忘的形象。諸如那些站在市場頂端、時尚尖端的男士，都擁有著強大的氣場。無論他們出席社交活動還是登上演講臺，都是眾人關注的對象；而他們的一舉一動盡顯男士魅力，無論從服裝、髮型再到談吐，都看成是男士形象塑造的最佳範本。

正是因為有了強大的氣場，他們獲得了更多的關注；

正是因為有了高階的形象，他們成為了眾人關注的焦點。

毫不誇張地說，形象，是男士打拚的一張王牌。

現代社會競爭越來越激烈，不論是在職場上，還是在生活中，男人要保持自己的核心競爭力，除了有優秀的個人能力、強大的人脈、豐富的資源外，還必須在個人形象方面保持強大的競爭力。可以說，男人形象管理，是男人想要成功的必備能力。

為什麼形象氣質佳的人擁有更佳的人脈？為什麼形象氣質佳的人能快速說服別人？為什麼形象氣質佳的人在商場上能如魚得水……

自序

因為，形象決定了他人對你的認知基礎高低，影響著他人對你能力的判斷。

沒有一個男士，不在意自己的形象。但是，對於個人形象的塑造，這不是一蹴而就的事情。這就是為什麼，部分男士非常注重形象的塑造，但始終效果不佳的原因。顧此失彼、商務禮儀認知偏誤，這些都會導致形象塑造不成功。

對於男士形象，我們需要注意的細節非常多：不同場合的服裝、什麼時候穿正式服裝、什麼時候穿休閒套裝、商務套裝需要有哪些搭配、選擇怎樣的髮型既滿足時尚又滿足場合需求、如何與人交流最得體、面對上級與下屬如何處理相關事宜……這一切，都決定了男士的形象高低與否。任何一個環節沒有做好，就會形成「木桶原理」——人們看到的，是我們的弱項，並以此對形象進行判斷。

男士形象塑造，並不亞於女士的容貌塑造。所以，這本書我將結合多年的經驗，旨在幫助男士打造擁有強大魅力的形象氣質，幫助更多男士在生活、職場中找到自信，發現潛力，贏得成功。男人的服裝打扮管理，男人的體型管理，男人的臉部及髮型管理，男人的言行舉止禮儀管理，男人的情緒修養管理、責任、愛等品格管理……這些細節，都是本書的重點內容。相信當每一個男士閱讀完本書後，必然會發現自身的不足在哪裡，從而做到揚長避短，盡顯男士風采！

章節 1
男士的「顏面」

　　什麼樣的男士，最能得到所有人的關注？毫無疑問，就是那些風度翩翩、儀表堂堂的男士。他們無論從服裝到舉止禮儀，都是成熟、魅力男性的代表。擁有魅力，男士才能贏得所有人的尊重；擁有魅力，男士才能散發出迷人的氣場，在職場無往不利，在商界游刃有餘。塑造自身形象，是所有男士都必須學習的人生課。

成功男士必備的精緻形象

經濟風雲人物，始終是所有人關注的焦點。這些商界的頂尖人物，不僅在財富上讓人咋舌，更用自己的風度，征服了現場的每一名觀眾。他們用談吐、用禮儀，用幽默的口才，彰顯出了自身的魅力，堪稱「人生贏家」。

這些人，無一例外讓我們想到了一個詞 —— 成功。成功的不僅是財富，更是形象，更是男人的魅力。很多人都將他們當作人生榜樣，期望自己也能夠在不同的場合之中，同樣展現出自身的魅力，全面提升自己的形象與氣質。

那麼，我們該如何行動，讓自己的魅力迅速提升呢？

精緻形象，不靠「長相」

衣著得當、舉止優雅，同樣可以迅速成為焦點，征服所有人的目光。

在提升自我魅力之前，首先，必須了解這樣一個觀點：魅力並非是年輕男性的專利，只要我們能夠找到真正適合自己的氣質，那麼就能呈現出精緻的形象！

氣質，才是決定一個男性是否能否散發魅力、展現精緻形象的核心要素。氣質是一個人由內到外所散發出來的一種人格魅力，而好的氣質是可以透過後天培養的。提升氣質的管道有很多——多看一些能夠增廣見聞的書籍，多注重運動養生，多參加一些禮儀培訓課程等，這有助於提升你的個人氣質，更好塑造成功男士形象。

而從目前的審美趨勢來說，乾淨、幹練的氣質，最容易展現男性的風度與特點。乾淨，象徵一種生活態度，言語清新、舉止得體。正如熱門韓劇中的那些男人，乾淨卻充滿男子氣概，從他們的身上，我們感受到了明理、溫厚、清爽、儒雅的氣質。看到這樣的男人，誰會不喜歡呢？

所以，我們不要再糾結於長相。努力培養自身氣質，提升品味與涵養，這是打造精緻形象的第一步。

6 個原則

氣質的養成，是長期且緩慢的，它需要我們不斷調整心態和生活狀態，最終尋找到適合自己的狀態。在這個過程中，我們需要不斷對自身形象定位進行調整。以下這 6 個原則，是設定自身形象定位的關鍵核心：

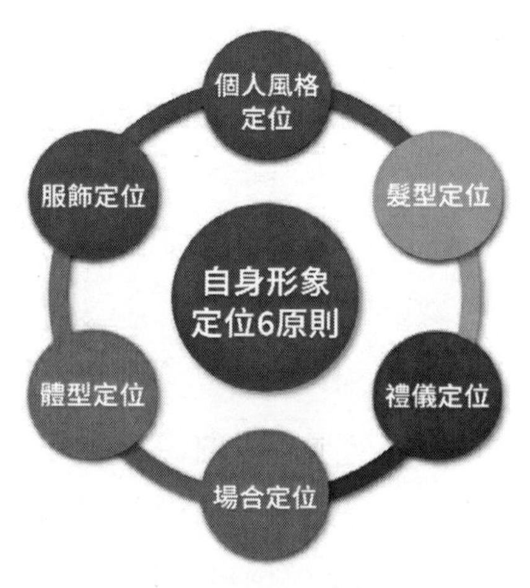

自身形象定位 6 原則

1. 個人風格定位

每一個男性都有自己的特點，尤其是臉龐。方臉、圓臉、瓜子臉……首先，我們必須了解自己的五官輪廓特點，根據特點找到自己的風格。例如，我們的臉龐較為消瘦，那麼未來的整體規劃應當側重儒雅型和時尚型；如果臉龐為方臉，那麼硬朗型的整體規劃最適合自己。我們可以詢問專業的形象定位達人，從而找到自身的風格定位。

2. 髮型風格定位

成功男士都有自己的一套髮型風格，儘管某段時期內會做調整，但都會展現出自己的優勢。髮型是一個人呈現的第一要素，所以不可忽視髮型。幹練、沉穩的髮型，最能展現一個男性的男人味，過於浮誇的髮型設計，應當盡可能避免。

3. 個人體型定位

不少男性在塑造自身形象時，經常會陷入一種迷思：單純模仿某個偶像，結果到頭來卻東施效顰、貽笑大方。我們當然可以從偶像的身上進行借鑑，但首先要判斷自己的體型如何，然後根據體型與身材比例去選購服飾，進行一系列的服飾搭配，這樣才有助於自己你呈現出一個好的身形體態，讓氣質加分。

4. 服飾風格定位

俗話說：人靠衣裝馬靠鞍。服飾，直接決定了一個人的形象和品味。尤其對於職場男性來說，一款得體的西裝，將會直接幫自己加分；反之，對於服裝毫不在意，那麼即便擁有帥氣的長相，也很容易被貼上邋遢的標籤。所以，在購買服裝時，一定要選擇款式優雅、質地好的品牌，盡可能展現出自己的特點，這樣才能呈現出大方得體。

5. 場合穿著定位

很多男性都有一種錯誤認知：一旦找到了適合自己的服裝風格，那麼就會在所有場合都以這樣的姿態出現。這樣做，會給人留下過於刻板的形象。真正充滿魅力的男性，會根據場合屬性的不同，進行服裝上的調整，如日常生活、職場、商務社交，都會有相對應的服裝搭配。尤其是在如領帶、皮帶、鞋襪這些細節之處，更能展現出一個人的品味和形象。所以，根據不同場合對服裝進行細節調整，這會讓自身氣質大為加分。

6. 個人禮儀定位

無論服裝、髮型等如何得體，倘若沒有良好的個人禮儀，所做出的努力都會被人忽視。個人禮儀是成功男士形象設計中非常重要一點，它是個人修養、精神理念與自身素養的一個展現，是打造一個成功男士形象必不可少的重要組成部分。

例如，當我們參加一場晚宴之時，卻只顧著大快朵頤，那麼必然會讓人留下非常負面的印象。在什麼場合，有怎樣的舉動，直接關係到我們帶給其他人的第一印象。因此，我們必須了解相關知識，倘若對某些場合並不了解，那麼就應當提前查詢相關注意事項，避免因為禮儀問題讓自己的氣質扣分。

男士強大的氣場

一個男人有了氣場，必然會散發與眾不同的魅力，無論在何種場合，都能第一時間吸引到所有人的注意。這樣的人，無論從長相、衣著到舉止，都有著讓人眼前一亮的特質，氣場自然強大。

從他們的身上，我們如何挖掘氣場所在，又如何形成自身的獨特魅力？

成熟、穩重、高品味

成熟、穩重、品味較高的穿衣風格，多數以正式服裝、休閒商務裝為主，無形中顯露出一種商務菁英氣質。日常搭配中，最常見的服裝就是西裝襯衫領帶，看上去非常嚴肅，同時配合左手腕的商務男士手錶，頓時勾勒出了成功企業家的形象，整個人都表現出了成熟穩重的氣質。

無論面對怎樣的場合與人群，都是以幹練、有涵養的方式與人交流，既不咄咄逼人也不妄自菲薄，很少因為意見的不同，就出現所謂的「謾罵」。渴望成為這樣的成熟、穩重的男士，就必須在注重外部服裝的同時，盡可能提升自身涵養，從而提升氣場，提升魅力。

陽光、帥氣、俐落

因為面容較為清秀，所以在搭配衣服時，風格主要為商務偏休閒的西裝。

最經典的造型，是黑色大衣＋深藍色西裝＋銀色外套＋白色西裝，出席活動現場，既不失莊重，又不失時尚。近年來，這種風格的休閒西裝非常受歡迎，因此非常受商務人士的歡迎，尤其在較為休閒的活動上，非常能夠展現自身陽光、帥氣、有親和力的一面。

當然，之所以能夠表現出十足的魅力，也與整個人表現出的俐落不無關係——臉龐始終乾乾淨淨，舉止優雅，毫不矯揉造作。一個人的氣場是否強大，和他的行為舉止有著直接關係，倘若不注重臉部衛生，或是行為不夠大方簡潔，那麼即便再得體的衣服，也不能讓自己展示魅力。所以，在提升穿衣品味的同時，注重待人接物的技巧，尤其在公開場合，這是提升魅力的核心所在。

硬漢、堅強、霸氣

堅強、霸氣、魅力十足等詞彙聯想到的服裝，就是搭配得當的西裝。配合典雅的花色領帶，更為凸出男士風度。在休閒場合，主打的就是「灰白格襯衫」，外套有時為西裝，有時則是獵裝夾克，這種格子襯衫弱化了「企業家」的刻板形象，能顯得年輕；而獵裝夾克則顯得有型，更加帶有男性氣質。

其最經典的形象，當屬中長款皮衣。有型的皮衣，最受男士喜愛，因為對身體的覆蓋面積較大，造型霸氣。當然，為了調和這種霸氣，他會選擇灰色毛衣和襯衫，讓整體搭配更為立體，既不失商務人士的穩重，又不失個性男士的霸氣。

如果我們也想做到氣場十足，那麼就應當透過不同場合的不同裝扮，做到得體、大方，從而成為全場的焦點！

第一印象

我們常說一句話：路遙知馬力。說的是只有經過長久的接觸，才能真正了解一個人。但是，我們同樣不能否認這個觀點：第一印象，會非常強烈地影響他人對自己的判斷。

第一印象的重要性

所謂第一印象，就是兩個陌生的人在第一次接觸中所形成的對對方的印象。第一印象對後來形成的整體印象，具有非常大的影響力。

舉一個很多人都曾經歷過的例子：

某一次，因為各式各樣的原因，我們和客戶的約談即將遲到。不得已，我們不得不胡亂抓起一件外套，急忙趕往約談地點。氣喘吁吁地跑到客戶面前，上氣不接下氣，立刻感受到了對方表現出的疑惑；隨後，客戶又看到了我們的服裝非常凌亂，一下子，對方的眉頭皺了起來。結果，在這種尷尬的氛圍之下，客戶寥寥幾句便選擇告辭，原本應當順利拿下的客戶，就此離開。

為什麼對方會對我們產生不好的印象？就因為我們所帶來的第一印象是負面的——輕率、大意、不注重細節……這些細節，只能讓客戶貼給我們這樣的標籤：不可靠。

有這樣一句話，是我們無法忽視的：「我一直很相信自己的直覺，覺得看一個人第一眼就能大概知道這個人的品味和思想。」很多人透過第一印象對一個人產生最直觀的印象，並且這種印象會一直保持下去。所以，如果想要讓對方迅速信任自己、喜歡自己，那麼就必須在自己的形象、談吐上下功夫，盡可能提升自身魅力。這一點，無論在商業談判、娛樂休閒還是愛情世界中，都概莫能外。

第一印象的核心：恰到好處

很多男性都明白第一印象的重要性，也願意提升自身的魅力，但嘗試許久卻效果並不明顯。為什麼，會出現這樣的事情？

分享這樣的幾個案例：

劉先生是某公司的中階主管，已經到了三十歲的年紀，依然沒有成家，為此不得不開始相親。但是，收入不錯的他，卻一直沒有遇到適合的意中人，通常他對某個女孩有了好感，但接觸幾次後，對方便選擇了放棄；

郭先生是一名有活力的年輕人，從公司的基層員工，透過自身打拚，最終成為了部門總監。但是，成為主管後的他，反而覺得工作更加難做，下屬總是充滿意見，而上級在開會時也經常性忽視自己。為此，他感到非常苦惱。

我和劉先生、郭先生進行了深度的交流，他們無不表示，都希望能夠自己讓他人留下深刻的印象，待人接物時也很注意，但是為什麼總是效果不佳？後來，我發現了問題所在——

劉先生每次相親和女孩子見面，依然是身著自己在職場中的正式服裝。儘管看起來很莊重，但是太過嚴肅、正式，說起話也是非常官方，讓很多女孩第一時間認定了他是個無趣的人，彼此之間距離感太大，因此選擇放棄；

郭先生則是技術人員出身。每次企業中層會議，他還是一身技術人員的穿著：牛仔褲、T 恤，所說的內容也僅僅只是技術層面，缺乏管理層應有的大局觀。久而久之，高層認定他只是一個技術主管罷了。

劉先生與郭先生的穿衣風格和說話風格從表面上看沒有問題，但恰恰出了最大的問題——在不合時宜的場合中，穿著不合時宜的服裝，說著不合時宜的話。身分屬性出現偏差，自然不會讓人留下好的印象！

所以，不是精心打扮就能讓人留下好的印象，而是應當「恰到好處」。在什麼樣的場合，穿著什麼樣的衣服，講述什麼樣的話語，這無不展現了一個人的細節之處和品味。正如一場活潑的晚宴活動，所有男士都身著晚禮服出現，而你卻突然一身運動裝備登場，怎麼可能不貽笑大方？

根據場合的不同，對自己進行針對性的調整，做到恰如其分、恰到好處，這樣我們才能做到有的放矢，讓人留下好印象。

如何提升第一印象？

掌握了「恰到好處」的原則，提升第一印象的目的就達成了一半。接下來，還需要從細節入手，全方位提升個人形象。

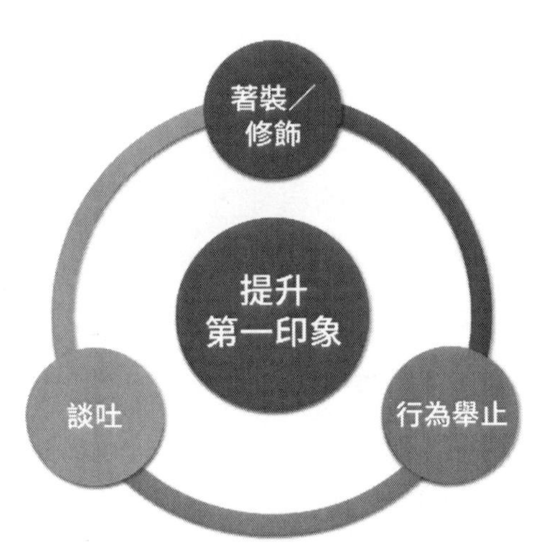

1. 衣著與修飾

俗話說「人靠衣裝馬靠鞍」。衣著和修飾，代表著一個男性的「門面」，想要讓他人留下良好的第一印象，就必須注意衣著和修飾。我們和陌生人見面，他們第一時間就會觀察我們的衣著、頭髮、鞋子等，甚至在開口前，就會對你做出各種設想。因此，必須穿著適合的服裝，最好在每天晚上睡覺前，就安排好第二天的服裝，避免第二天一早時間太過緊迫。

與此同時，髮型、面容等也應有所注意。一般來說，短髮看起來自信，長髮看起來時尚。對於男性來說，髮型並沒有絕對的固定款式，但一定要讓人感到真實，太過花哨的髮型，並不適合多數男性，尤其是商務人士。而對於臉部，只要保持乾淨、爽滑即可，不必過分修飾。

2. 行為舉止

真正讓對方感到放鬆的男性，行為舉止是穩重的、大方的。所以，初次與人打交道，注意行為舉止，和對方握手時保持手掌乾燥、堅定有力、目光注視對方，而不是手掌溼潤、軟弱無力、目光散漫。握手是男性社交禮儀中非常關鍵的一環，做好了這一點，就會給對方留下非常好的印象。

有的男性有嚼口香糖的喜好，這是人際交往中的大忌。因為嚼口香糖會讓人留下太過浮誇的印象，一定要避免。除此之外，還有折手指、彈指、轉筆等一些細微的小習慣都必須注意，儘管他們看起來無傷大雅，但很容易令對方產生反感。

3. 談吐

談吐，同樣可以展現一個人的魅力價值。侃侃而談並不等於胡說八道、阿諛奉承，這是很多男性都容易忽視的細節。初次與人打交道之時，一定要實事求是，說話有理有據，而不是一味地誇誇其談。不能說的，千萬不要脫口而出。這一點，尤其在商務人士和面對主管時需要特別注意的。

交談之時，我們也要注意說話語氣和節奏，不要口齒不清，左顧右盼。這樣，對方才能感受到被尊重，從而提升對我們的印象分數！

形象資本：好形象是人生的重要資源

好形象，就是你的人生寶藏，是一座重要的資源庫。尤其對於男性，讓人眼前一亮的形象，必將會為自己帶來意想不到的益處。

部分男性存在這樣的想法：「身為男人，不必太在乎形象，只要提升內涵即可」。內涵，當然是男性必不可少的能量；但好的形象不可或缺的組成部分。有了好的形象，才能讓對方留下好的印象；有了好的印象，我們才能獲得更多資源，從而讓自己占據先機。

好形象帶來的潛在資本

好形象意味著什麼？

首先，一個注重自我形象的男性，會很容易在人群中得到信任，獲得各種幫助，找到可以發揮自我才幹的機會。因為好的形象，能夠展現出自己的風采和魅力。所以說，好形象是成功人生的潛在資本。

鄧先生是我的朋友，目前是一家上市公司的董事長。很多人都覺得，鄧先生功成名就，已經坐擁人生巔峰，但他會說：「其實如果我不注重自己的形象，那麼就沒有今天的自己。」

鄧先生在創業初期，曾經遇到過非常嚴重的經營危機。那時候因為客戶惡意拖款，公司到了瀕臨倒閉的邊緣。很多員工，在這個階段不是無止境的抱怨，就是選擇辭職離開。他的合夥人，也表現出了非常多的不耐煩。

但即便如此，鄧先生每天上班之前，都會在家中精心收拾一番，無論臉上的鬍鬚還是當日的襯衫，都會收拾乾淨後才出門。面對合夥人的咄咄逼人，以及其他客戶的不信任，他依舊不卑不亢，娓娓道來。

有一位大客戶很好奇地問他：「我聽說你們公司的事情了。為什麼你一點都不著急？」

鄧先生笑了笑，說：「的確，其實我的內心也非常焦慮。但我不能在您的面前表現出任何不恰當的情緒，因為那是對您的不尊重。我也不能蓬頭垢面地和您交流，因為那不符合我的人生哲學。我不能讓其他客戶帶來的問題，影響到所有客戶。儘管出現了問題，但是我必須依然用尊重的態度來面對您。」

一席話，讓這名客戶大為感動。他認為，這是一個值得信任的合作方，拿出了一筆錢，作為入股投資鄧先生。一下子，鄧先生的危機得到了緩解。就這樣，鄧先生從逆境中走出，最終有了今天的成績。

試想，如果那個時候的鄧先生自暴自棄，面對客戶時穿著隨意、滿口髒話，那麼他怎麼可能打動客戶，怎麼可能從逆境中走出？

塑造自己的好形象，就是為了帶給其他人這樣一種印象：無論遇到何種問題，自己都可以從容不迫地應對，不慌不忙，不卑不亢。這樣的人，自然會散發出一種迷人的氣質 —— 堅定、自信、有條不紊。這樣的人，即便遇到一時的困惑，也能走出谷底，一飛沖天！

所以，我們可以看到：身邊那些具有好形象的男性，總是會被很多人圍繞。因為，他們是所有人的榜樣和定心丸。這樣的人，透過自己良好的形象，源源不斷地獲得了人脈資源，財務資源！

好形象，就是一個品牌

我們常說：一個人就是一個品牌，它折射出了自己的品味、價值、內涵與人脈圈。一個衣衫襤褸的人，必然不會被看作是格調高雅、內涵豐富、人脈圈廣泛的人。

一位美國的企業家曾經這樣說過：「如果你認識昨天的我，那麼你就會說今天的我與昨天簡直判若兩人，因為我現在的一舉一動都經過了精心的設計。如果說我們的企業設計有什麼代表性的作品的話，那麼首先就是我。」

品牌的特質是什麼？

首當其衝的就是視覺觀感。例如可口可樂，碳酸型飲料品牌眾多，但當我們走到貨架面前，第一眼就會看到可口可樂，因為它的紅罐形象是那麼凸出，具有非常好的視覺效果，因此我們願意將其取下；再如蘋果手機，琳瑯滿目的智慧手機中，蘋果手機總是最顯眼的那一個，無論精緻、順滑的正面，還是背後那個顯眼的缺口蘋果 LOGO，第一時間都會吸引到我們的目光。

可口可樂和蘋果，都是「高階品牌」的代表，它們所呈現出的形象都是獨一無二、讓人驚豔的；同理，每一個人也是一個品牌，高階、低階與否，形象成了關鍵。尤其對於商界、職場人士來說，好的形象，必然會讓人眼前一亮，讓人願意相信！正如兩名金融人士坐在我們對面，一位西裝革履、氣度不凡，另一位卻頭髮亂糟糟、眼神四處亂飄，我們會相信誰？答案不言而喻。

所以說，良好的形象，就是自身品牌的「代言」——好形象會讓自己贏得新人，增進人際關係，在社會中左右逢源、無往不利。

當然，提升自身形象不僅在於外表，更在於透過外表展現內涵。而內涵的提升，則需要長期不斷訓練，讓內涵與外表相匹配，完美結合。

古代哲人穆卡法（Ibn Muqaffa）說：「良好的形象是美麗生活的代言人，是我們走向更高階梯的扶手，是進入愛的神聖殿堂的敲門磚。」尤其對於男性而言，良好的形象就意味著關注，意味著愛情，意味著人生。所以，我們必須塑造一個朝氣蓬勃、充滿姿態感的形象，讓自己始終處於人生巔峰！

塑造屬於你的形象

從今天起，做一個有魅力的男性，做一個讓人眼前一亮的男性。

在行動正式開始之前，我們先要明白這樣一個道理：臉面，不僅僅指的是衣著、容貌。它包括了言談、舉止、情緒、職場生活中的小細節等等。「臉面」是一門大學問，必須做到包羅萬象方能重塑自我。「金玉其外敗絮其中」的人，同樣無法讓他人留下好印象，所以我們必須在提升外部品格的同時，不斷提升內心涵養，這樣才能打造屬於自己真正的「臉面」。

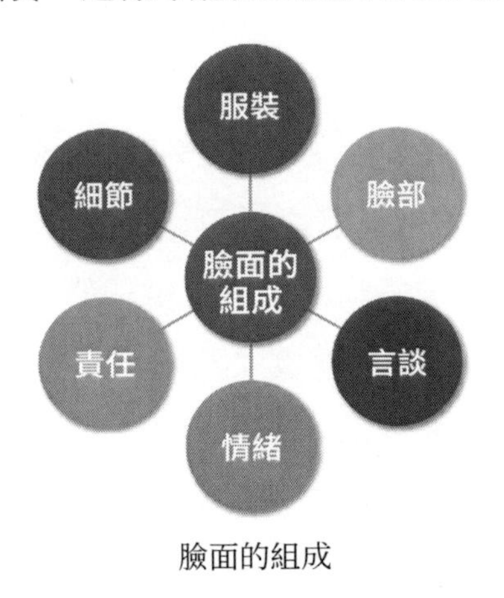

臉面的組成

從服裝入手

穿什麼，怎麼穿，是否適合場合的需求，服裝的意義已經不在於蔽體保暖，更展現出一個人的品味和格調。尤其對於商務、職場人士來說，必須學習、了解不同場合對於服裝的要求是什麼，例如出席以外國人為主的晚宴時，怎樣的禮服最得體；而來到保齡球館、高爾夫球場時，什麼樣的服裝最能展現自己的運動特質？這些細節，既展現了我們對於賓主的尊重，也展現出了我們對於不同文化的了解和熟悉，非常為自己加分。所以，學習男士穿著技巧，是打造自身「臉面」的第一步。

從臉部入手

臉部，同樣是一個人展示自我的重要視窗。我們總是會對面容整潔的男士留下好的印象，對不修邊幅、鬍子雜亂的男性產生一絲抗拒，這就要求我們必須學會懂得臉部整潔。與女性相比，男性的臉部最重要的不是濃妝豔抹，而是乾淨、整潔，例如皮膚的光澤、鼻孔處的修剪、牙齒的整潔等等。帶給人清爽的臉部，就會大大提升對方對自己的好感。

同樣，頭髮也是臉部的重要組成。髮型是否與自己的臉型適合，頭髮是否乾淨、有沒有太多的頭皮屑和頭油，也將直接影響到其他人的觀感。倘若髮型得體，那麼整個人的形象就會更加立體，讓其他人的好感度大為增加。

從言談入手

服裝、臉部讓人帶來了良好的印象，接下來，我們就要開始從言談舉止入手，讓對方更加從深層次欣賞自己。言談，即為「話術」，決定了一個人的內涵，倘若不懂說話的技巧，總是在重要的場合口不擇言，那麼必然貽笑大方，成為所有人口中的「笑料」。在什麼場合說什麼話、面對演講時如何把握氛圍、面對外國友人有哪些禁忌、面對女性朋友時哪種玩笑既幽默又得體……這些都是我們必須學習的技巧。「語言是一門藝術」，倘若不能很好地掌握這門藝術，總是一開口便讓所有人厭惡，那麼我們對於外表的所有準備，都無異於付諸東流！

從情緒入手

「一個成功的人士，必然是情緒控制的高手。」

這句話是商界的認知。因為，商界猶如戰場，隨時隨地各種訊息瞬息萬變，尤其在面對客戶談判之時，我們會遇到各式各樣的問題和難點，有時候是客戶的故意刁難，有時候是高峰論壇上的激烈辯論，有時候則是關係到企業未來的高階談判。

面對這些場景，我們該如何做？倘若不懂得情緒控制，一言不和就與對方起了爭執，那麼到頭來最終受傷害的只能是自己。學會情緒的管理，遇到各種問題可以用正確的方式來應對，即便面對挑釁也能輕鬆化解，這樣的男人才是最具魅力的，才是最吸引人的！

從責任入手

能力，同樣也是一名男性的魅力展現。能力禁得起嚴格的考驗，自然吸引力十足，容易贏得所有人的掌聲。而能力的一個重要組成，就是責任。

當在職場中遇到主管下發的艱難任務時，能否主動站出來，迎接這次挑戰？

當身處管理職位，遇到員工的失誤時，能否用合理的方法進行化解，而不是將責任全部推給下屬？

當身為企業高層之時，面對突然而來的經營危機，能否有條不紊地解決問題，給董事層一個合理的答覆？

當身處逆境之時，能否調整心態，尋找問題所在，從谷底再一次重新而起？

……

這些內容，無一例外不是「責任」的範疇。倘若能夠做到這些，這才是真正充滿魅力的男性！

從細節入手

細節之處，同樣展現了男性的觀察力和生活品味。例如與女性會面時，如何主動幫助女性拉開座椅？一團不起眼的紙團，我們是否能夠走過去將其撿起？面對別人的出糗，我們能否幫助對方輕鬆化解？這些看起來都是生活中非常細節的內容，很容易忽視，但如果可以做到盡善盡美，那麼必然會讓所有人留下極高的印象分，自身魅力大為提升！

章節 2

男士穿搭守則

不同的男士擁有不同的體型，所以在選購服裝時，除了遵循場合原則，還需要根據自身的特點，這樣才能做到量體裁衣、大方得體。同時，我們還必須根據不同風格的場景，如正式場合、休閒場合、辦公場合等，對服裝進行相應的調整，已達到適合自己的目的。適合自己、符合禮儀，這時候我們才能呈現出帥氣的姿態。

體型風格搭配

每一個男性，都有自己不同的體型、面容和身材。有時候我們看到別人那樣穿著風流倜儻，自己照本宣科卻發現不倫不類，就是因為我們沒有根據自身特質進行風格化的調整。有句話說得好「最適合的才是最帥的」，只有找到自身的特質、缺點，進行針對化的調整，這樣才能真正彰顯自身魅力。

體型輪廓

男士體型輪廓，主要分為三種類型：H 型，O 型與 V 型。

男士體型輪廓

1.H 型體型

H 體型的男性，肩部與臀部的寬度接近，身體最凸出特徵是直線條，腰部不明顯，為 H 形的輪廓線。臀圍與腰圍相縮小於 15CM。骨架從小到大都有，脂肪均衡地分布在身體各個部分，或者在腹部周圍。對於亞洲男性來說，H 體型是最常見的體型。

建議：避免大型、較短或貼身的上衣。如果身材較胖，在加強肩部與臀部設計的同時，可以選擇一些有腰線設計的服裝。

2.O 型體型

O 型體型最為凸出的特點，就是肚子較為圓潤，腰部的寬度大於肩部與臀部的寬度。一般來說，O 型體型的人都偏胖，脂肪多堆積與腰腹部。大部分 O 型體型的人，都存在著一定垂肩的問題。O 型體型，多集中於 40-60 歲之間的中年人，尤其在應酬交往較多、運動量不足的男性身上最為明顯。

建議：有墊肩的簡潔合身的服裝，合身的長褲，能夠有效降低 O 型體型帶來的問題。

3.V 型體型

V 型體型的男士，通常都存在寬肩窄臀的問題，體型特徵為 V 形。一般來說，這種體型常見於 20-30 歲喜歡體能訓練的年輕人。這種男性，通常具有中等到偏大的骨骼結構。因為肌肉和脂肪分布並不平均，所以臀部與腿部較為苗條，上半部分較為強壯。

建議：盡量選擇簡潔、寬鬆的上衣款式。為了在視覺上縮小肩部加寬臀部，選擇插肩袖或無肩縫的衣袖設計，能提升視覺效果。

身材比例

很多亞洲男性都有這樣一種迷思：認為自己的身材比例非常好，穿什麼衣服都會得體、大方。然而，事實上真的如此嗎？我們不妨藉助國際標準來幫自己做一個評判。

國際上通用的身材比例，是以胸圍為基礎。滿足以下這些條件，才能稱得上為完美比例：

我們假設胸圍為 100 公分，那麼：

上臂圍是胸圍的 36%，即 36 公分。

前臂圍是胸圍的 30%，即 30 公分。

腰圍是胸圍的 75%，即 75 公分。

臀圍是胸圍的 90%，即 90 公分。

大腿圍是臀圍的 60%，即 54 公分。

小腿圍是臀圍的 40%，即 36 公分。

頸圍是胸圍的 38%，即 38 公分。

拿出皮尺測量一下，我們就會發現自己的身材比例哪些部分失調。事實上據相關機構調查發現，亞洲只有百分之十三的男性，才能達到這樣的標準。換而言之，多數人的身材比例都是不協調的。所以在穿衣之時，這些細節都必須有所注意。

當然，身材比例並不是一成不變的。除了藉助服裝對比例失衡的部分進行調整，我們可以透過鍛鍊，對薄弱的環節進行加強和調整。如果情況允許的話，最好多去健身房，並請專業的健身教練進行指導，做出精準的健身方案，進行系統性地訓練。不要盲目地訓練，掌握不好分寸，很容易導致失衡部分進一步加劇。

倘若我們平常工作較忙，那麼不妨在家裡進行鍛鍊，例如每天做伏地挺身、仰臥起坐等，週日時盡可能參加戶外活動，如爬山等。同時，還要注意飲食控制，講究葷素搭配，切忌暴飲暴食。只要能夠堅持下去，就能擁有完美的身材。

身體質感

質感這個詞非常廣泛，而放在男性的身上，所展現的就是皮膚、頭髮、肌肉等多方面的特質。舉一個簡單的例子：

香港明星古天樂出道之時，皮膚非常白皙、乾淨，尤其在《神鵰俠侶》中扮演的楊過風流倜儻，較為瘦小，被譽為「香港玉面書生」，具有年輕、時尚、可愛的特點；而幾年後，他開始嘗試轉型，呈現出皮膚黝黑、身體強壯、臉部稜角分明的特點，所飾演的角色，多數都是硬漢形象。

這就是身體質感所帶來的不同氣質。因此，古天樂在前期的穿著打扮，更具時尚明星的特點，這與他的膚色、髮型有著直接關係；而隨後透過膚色的轉變，他的穿著更具成熟男人氣質，彰顯菁英風采，非常符合轉型後幹練、簡潔的特點。

透過古天樂的身體質感，我們可以看到，男性的身體質感主要分為這三種：

1. 骨骼型

骨骼型顧名思義，身材較為消瘦。選擇色彩較為豐富的服裝，會突顯自身年輕、時尚的特質。

2. 肌肉型

吳彥祖是典型的肌肉型代表，身材高挑、勻稱，身著西裝時盡顯男性風采。所以，硬朗、簡約的服裝，最適合肌肉型男士。

3. 豐滿型

豐滿型男士，體型多數較胖。豐滿型男士一定要注意穿著搭配，盡可能透過線條襯衫降低較胖的體型。

風格解析與搭配

每一個人，都是完全獨立的自我。

男性更是如此。內向、外向、敏感、粗獷……不同性格特徵，讓我們在待人接物時也風格迥異，讓人留下了深刻的印象。所以，我們必須依據自身的風格進行分析，找到最適合自己的穿著特點。

男士風格的 4 個種類

男性的風格有很多，而這四類，幾乎涵蓋了所有男性群體：

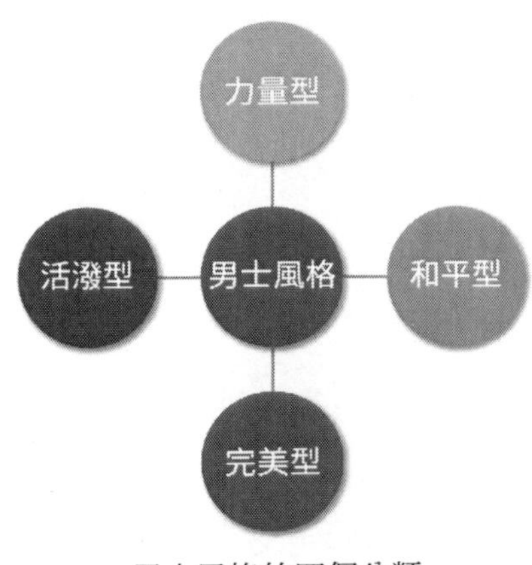

男士風格的四個分類

1. 活潑型風格

活潑型的男性熱情、開朗，幾乎對所事情都表現出了樂觀和忍心。對活潑型的人來說，什麼事都是新鮮的。他們能製造氣氛，能激發最沉悶的人的熱情。只要有一個聽眾，他就可以滔滔不絕。只有活潑型的人才會總是睜大眼睛，表現的天真爛漫。

有的時候，有些人會認為活潑型性格的人很「神經大條」，經常丟三落四，其實，這只是表面現象罷了。儘管活潑型的男性通常都想不起來名字、日期、地點、事情經過等，但是他們有自己的獨特能力，能記住多采多姿的生活花絮。只有活潑型的人才會接受健忘的特點，而且代代相傳。經常遲到也是活潑型人的特質之一。

所以，活潑型的男性的第一特點就在於直率。同時，他們還常常想緊緊吸引別人的注意力，讓聽眾高度集中，不會中途跑掉。還沒說到精彩之處便失去觀眾，是令活潑型的人最難受的。

還有一點，就是「渴望凸出」。在很多企業中，有的人會覺得活潑型男性「自帶光環」，總是喜歡出人頭地，並且一而再、再而三。其實，這很可能是他們已經忘記自己曾經毛遂自薦過。當然，活潑型的人總希望自己時時都能幫助別人，因此非常受大家歡迎。他們帶有強烈的好奇心，想調查任何他們不知道的事情，不想錯過任何事情。

活潑型的人總能創意無限，同時也需要一些理性的朋友幫忙才行。他們會意識到自己是「發動者」，他們也需要朋友來充當「完善者」。活潑型的人充滿了自信，儘管在別人看來，並不一定同意。但不可否認，活潑型的男性做事與眾不同，習慣另闢蹊徑，也很願意做焦點，並且樂在其中。

活潑型風格男士的描述及氣質特徵：可愛的大男孩。

關鍵詞：健談、客觀、有趣、熱情，注重表面，易交友，喜歡即興的活動。有時候健忘。

性格的優勢：活潑型的人，機會和別人差不多，但他們似乎總能找到更多的樂趣，也能夠透過自己的行動，為自己爭取到機會。他們在講話時如同在講故事，會為所有人帶來快樂和愉悅。

穿衣風格：自然隨意、有感染力、輕鬆自由、圖案變化豐富、材質機理豐富、誘惑力的搭配方式富於新意，多樣化，款式有特點，色彩搭配豐富強烈、有個性、與眾不同。

2. 完美型風格

完美型風格的男士，具有怎樣的特點？

一個很簡單的判斷：做事非常認真，有著驚人的執著，對待完美近乎偏執。

所以，在很多人的眼中，完美型風格的人不免有些極端化 —— 過於計較細節，沒完沒了地評價別人的表現。在完美型的人的眼光下，其他人會變得緊張煩躁。這其中，尤其以那些精力充沛的領導者為代表。可以加班到天亮，會無止境地提出修改方案，這正是完美型風格的特點。

正是因為完美型風格的這種特點，他反而是旅行途中的最佳夥伴。因為，有些小事我們根本沒注意到，完美型卻很在乎，例如旅行社的條款、旅途中容易忽視的景點等等。相較活潑型風格的男性，完美型風格的男性總是習慣有條不紊地生活和工作，不是那麼熱衷於驚喜。井井有條，乾淨整潔，這是活潑型性格所做不到的。

完美型風格的男士，有這樣的座右銘：如果值得做，就要做得好。完美型是做律師的料，他們善解人意，他們願意聆聽別人的困難，分析他們，找出有效的解決方法。無論身處何種境地，他們都能進行深思熟慮。他們很文靜、隨和，喜歡獨處，他們自始至終認真依計畫辦事，不會一時衝動尋找刺激；反之，他們會為自己的生活做長遠且最好的安排。完美型的成年人是個思想家，他們對待目標嚴肅認真，他們強調做事的先後次序和組織，崇尚美感和才智。

在很多企業中，完美型風格的男性都是團隊的靈魂、核心，儘管看起來他們並非是最活躍的那一個，他們擅長籌劃、創造、發明。他們會進行深度的思考，並帶有一定的悲觀情緒，總是預料將來要面對的問題，預計工作的成本。相較各種心靈雞湯，他們更喜歡很條理地看數據，同時也喜歡尋根問底，不會只滿足於看到事物的表現，總要探求事物的內涵和真相。所以，不少人都會覺得：完美型的主管非常難打交道。其實，他們並非「壞人」，只是天生對完美有著不一樣的追求。

完美型風格的男性與活潑型相比，適應力差了很多。嘈雜和混亂會使他們心煩意亂，環境的改變及計畫被打亂讓他們無所適從。他們喜歡從事一些可以被人們欣賞能力的職業。完美型風格的男性也非常有天賦，極具創造力，經常為大自然的奇蹟而驚嘆。

生活中，完美型風格的男性同樣崇尚完美，對配偶有著很高的要求；同時，他們對別人也關心體貼，樂於助人。

完美型是理想化的、與組織和目標明確的人。他們與活潑型有一點是相同的：他們都感情豐富，易受環境影響。但是，完美型的男性卻往往自己看不到自己的特點，如果說活潑型的情緒波動在一分鐘裡起伏，那麼完美型的男性會在一個月裡起起落落。

完美型風格男士性格描述及氣質特徵：紳士

關鍵詞：深思熟慮、善於分析，有條理。追求完美，高標準，有責任心，情緒化，易悲觀。

性格的優勢：他們分析生活問題，深度、思考和分析是他們的優點。深層思維對完美型很重要，他們從最基本點觀察生活。所以，在很多企業的技術部門，主管多數都為完美型風格的男士。

穿衣風格：嚴謹而保守，莊重而經典，凸出表現方式是沿著人體的造型而剪裁的服裝樣式，色彩搭配多用同色相，不同明度調和。

3. 力量型風格

力量型的人認為：人必須超越自己的極限。

力量型風格的男士，代表著奮進。當活潑型的人在說話，完美型的人在思考時，力量型的人會進取。並且，這種進取不用外力督促，是帶有自發性的。他們必須改變任何他們看來不適合的東西，並糾正任何加諸於那些無助的人身上的錯誤。無論對待什麼事情，他們都不會冷漠無情而是充滿自信。

力量型風格的男性，在所有組織、商業機構和家庭中都必不可少，他們會幫助他們做出決定。因為這些人具有與生俱來的意志力和工作能力，在其他人舉棋不定時，力量型的人能及時做出決定。所以，力量型風格的男性天生具有一種領導力，很多企業中，領頭羊都是力量型風格的男性。

力量型與活潑型的人相似之處是：他們都外向且樂觀。

力量型風格的男性最愛用的詞語就是：靈活、控制、施令、自信、強烈意志、主宰、掌權決心、託付、重組、決策程式、至高無上、指令、權利、更快、完備。他們甚至喜歡危機情況，因為這意味著挑戰，可以面對各種意想不到的情況，並帶領所有人走向新的方向。

力量型風格的男性是強勢的。他們心中有答案，他們知道做什麼，他們能夠快速決定，他們會幫助其他人，但正是因為這種強勢，導致他們在很多場合不受歡迎，因為他們的自信和主張使別人感到不安。當然所有人不可否認：不管力量型的人是否對相關規則有所了解，他們能夠運作一切，具有天生升至頂層並具備管理的能力。

力量型的人最大財富是：有能力而且配合其天賦的組織能力完成比任何人都多的工作。達到目標比取悅他們更有興趣，這可以說既是正面又是負面的。這在很多企業家身上有著明顯的展現：遭遇危機時，他能憑藉一己之力幫助企業走出困境；但是，有時習慣過於干涉部門發展，即便不懂也要發表意見，導致最終發展出現偏差。

力量型的人不僅喜歡達到目標，還能在阻力下勇往直前，喜歡來自對手的挑戰，有擠倒敵人的本性和排除萬難的欲望，這將推動他們達到商業世界裡的頂層。同時，他們不會因為批評而洩氣。更多的時候，力量型的男性並沒有太多的語言，他只在確定自己是正確的時候才發表意見，這一顯著的特點是非常寶貴的資源。

力量型風格男士性格描述及氣質特徵：威嚴的領導者

關鍵詞：果斷、外向、樂觀、自信、著眼大局、善於管理、設定目標、越挫越勇。

性格的優勢：力量型的人會為信念挺身而出，這在他生命早期，如中學階段就已經表現出一種控制力。他們是天生的領袖。在危機發生時，力量型的人往往控制了大局。

穿衣風格：喜歡穿顯示身分和地位的衣服，注重服裝的品牌和標籤線條簡潔、乾淨，能顯示權威感。

4. 和平型風格

和平型風格的男性看起來非常獨立，他們享受自己的精神世界且無侵犯性，喜歡平靜處事並逐階段進行。他不喜歡想得太遠，「活在當下」是他們的生活原則。和平型最令人欣賞的特點，就是在風暴之中仍能保持冷靜，從不匆忙行事。通常來說，和平型風格的男士本性帶有消極，但並不像完美型那樣容易情緒低落，這只會讓他們保持「現實」。和平型朋友眾多的一個原因，就是在於他們是很好的聆聽者。

在選擇領導者的時候，管理階層經常對沒有敵人的人情有獨鍾，那就是和平型風格的人。有百分之八十的被解僱的人不是因為無法勝任職務，而是缺乏與他人相處的能力，但和平型風格卻恰恰能夠做好這一點。他們能夠平穩和有能力地保持工作，比其他氣質類型的人更勝一籌。

和平型風格男士性格描述及氣質特徵：和藹可親

關鍵詞：性格低調、容易相處、輕鬆、耐心、善良、無攻擊型、不急躁、擅對壓力、拖延、穩定、內斂、旁觀者。

性格優勢：和平型為最容易相處的氣質類型。和平型的人對生活沒有太大的期望和要求，因此能很容易地安於生命中的變化起伏。所以，多數和平型風格的男性在企業中為技術核心人員，他們醉心於自己的工作，並不在意外界的變化。

穿衣風格：自然隨意，不拘泥於形式，輕鬆自由的風格。隨意輕鬆地配色，層次多。

正式場合中各風格如何穿著

性格的不同，讓我們在選擇服裝時也應有所區別。那麼，四種不同風格的男士，如何正確穿著，參加正式場合呢？

1. 活潑型風格的正式場合穿著

服裝款式輪廓：以休閒寬鬆的美式輪廓為主的自然肩部。

材質：精紡羊毛或新型混紡織物。

色彩：標準的深色系。

圖案：經典暗紋圖案為主。

搭配方案：三圖案或四圖案搭配。

2. 完美型風格的正式場合穿著

服裝款式輪廓：英美或英式輪廓。

材質：精紡羊毛。

色彩：深色系套裝。

圖案：無圖案或小的暗紋圖案。

搭配方案：兩圖案或三圖案搭配。

3. 力量型的正式場合穿著：

服裝款式輪廓：英式輪廓。

材質：精紡羊毛。

色彩：黑色系套裝為主。

圖案：無圖案或暗紋圖案。

搭配方案：雙色圖案搭配為主。

4. 和平型的正式場合穿著：

服裝款式輪廓：常春藤學院風。

材質：精紡羊毛。

色彩：黑色系套裝。

圖案：無圖案或小暗紋圖案。

搭配方案：雙色或三色圖案組合，低對比組合。

日常辦公中各風格如何穿著

面對日常辦公時，不同風格的男性又該如何進行穿著？

1. 活潑型的日常辦公場合穿著：

服裝款式輪廓：以休閒寬鬆的美式輪廓為主。

材質：精紡羊毛或新型混紡織物。

色彩：以有活力的灰色系及其他現代色系為主。

搭配方案：三圖案或四圖案搭配。

2. 完美型的日常辦公場合穿著：

服裝款式輪廓：英美或英式輪廓。

材質：精紡羊毛。

色彩：標準經典套裝色彩。

圖案：無圖案或小的暗紋圖案。

搭配方案：兩圖案或三圖案搭配。

3. 力量型的日常辦公場合穿著：

服裝款式輪廓：英式版型為主。

材質：精紡羊毛或高品質羊毛混紡。

色彩：深藍色系，高對比效果的組合。

圖案：格子，黑底白條的豎條紋。

搭配方案：雙色或三圖案搭配。

4. 和平型的日常辦公場合穿著：

服裝款式輪廓：常春藤學院風。

材質：精紡羊毛或高品質混紡，如毛麻等天然的材質。

色彩：灰色系，駝色系。

圖案：人字形、髮辮、點子花紋等。

搭配方案：雙色或三色搭配。

休閒時各風格如何穿著

休閒，分為商務休閒與戶外休閒兩種形式。商務休閒，主要包括帶有休閒感的商務場合，如週五的辦公室聚會、行業娛樂聚會等等；而戶外休閒，則包括了徒步、滑雪、登山、高爾夫、慢跑等一系列戶外運動。不同的休閒場合，我們同樣需要在服裝上進行區別對待。

1. 活潑型商務休閒穿著：

服裝款式輪廓：以休閒寬鬆的美式輪廓為主。

材質：精紡羊毛或新型紡織物。

色彩：有活力的色彩組合，高明度低純度組合。

圖案：豐富的結構與流行元素。

搭配方案：三圖案或四圖案搭配。

2. 活潑型戶外休閒穿著：

服裝款式輪廓：依照運動類型設計行頭特徵。

材質：依照運動類型選擇材質。

色彩：豐富、純度高、對比大。

圖案：以流行圖案選擇為主。

搭配方案：三圖案或四圖案搭配。

3. 完美型商務休閒穿著：

服裝款式輪廓：英美或英式輪廓。

材質：精紡羊毛或混紡織物。

色彩：含蓄保守的深冷色系，低對比。

圖案：無圖案或經典格子圖案。

搭配方案：兩圖案或三圖案搭配。

4. 完美型戶外休閒穿著：

服裝款式輪廓：標準合身的輪廓。

材質：依運動類型劃分。

色彩：優雅紳士的色彩組合方式。

圖案：經典圖案為主。

搭配方案：兩圖案或三圖案搭配。

5. 力量型商務休閒穿著：

服裝款式輪廓：英式版型或英美版型。

材質：純羊毛或高品質混紡，如絲毛混紡。

色彩：駝色，深藍色系，色彩對比。

圖案：經典暗紋圖案。

搭配方案：雙色或三色搭配方案。

6. 力量型戶外休閒穿著：

服裝款式輪廓：依運動類型劃分合身為準。

材質：依運動類型劃分合身為準。

色彩：以大色塊組合為主。

圖案：無圖案或少圖案。

搭配方案：簡潔的搭配，最少量的使用對比。

7. 和平型商務穿著：

服裝款式輪廓：常春藤學院風。

材質：天然材質混紡為主。

色彩：純度低的低對比組合。

圖案：無圖案或經典圖案。

搭配方案：雙色或三色組合。

8. 和平型戶外穿著：

服裝款式輪廓：依運動類型合身為主。

材質：以運動類型確定。

色彩：柔和的對比效果，類似調和，純度低，明度低。

圖案：無圖案或柔和圖案。

搭配方案：雙色或三色圖案搭配。

其他場合各風格如何穿著

除了正式、日常、休閒等場合，我們也要出席其他各類場合。其他類型的場合有很多，我們應當先了解活動型態再確定具體服飾，在此也以建立活動場合為例：

1. 活潑型在夜間禮儀場合穿著：

服裝款式輪廓：可選擇美式晚禮服或花式晚禮服，黑色套裝現代版。

材質：精紡羊毛。

色彩：除黑色以外也可選擇深冷色系或白色。

圖案：各種豐富的暗紋圖案。

搭配方案：標準。

2. 完美型在夜間禮儀場合穿著：

服裝款式輪廓：嚴謹的完美型多選擇標準版型，如英美版或英版。例如英式或法式晚禮服都是適合的選擇。

材質：精紡羊毛。

色彩：黑色。

圖案：無圖案或黑色暗紋圖案。

搭配方案：標準。

3. 力量型在夜間禮儀場合穿著：

服裝款式輪廓：有權威感的力量型多選擇標準版型（英美版或英版）。

材質：精紡羊毛。

色彩：黑色。

圖案：無圖案或黑色暗紋圖案。

搭配方案：標準。

4. 和平型在夜間禮儀場合穿著：

服裝款式輪廓：常春藤學院風為主，美式晚禮服為主。

材質：精紡羊毛。

色彩：黑色。

圖案：無圖案。

搭配方案：標準。

混合風格：融合多元風格的時尚穿搭

活潑、力量、完美、和平，這是對於男性的顯性標籤；但事實上，多數人並非一種性格標籤便可以完全概括。混合型，才是多數人的特點：活潑的同時，又帶有一些和平的特質。所以，對於混合型男士來說，我們更要找到自己的特點，並在穿著上進行調整。

活潑／力量型風格如何穿著

活潑／力量型風格的男士，性格多為外向、樂觀、健談、坦率。有推動力，決斷力，對工作、娛樂都很投入，最有領導潛力的人。所以，他們的服裝風格，應當表現出這樣的特點：強調功能性的創意，簡潔設計感且有力度，布料材質有創意。

根據這個原則，活潑／力量型在不同場合的穿著應當遵循這些原則：

1. 活潑／力量型在禮儀場合中的穿著：

服裝款式輪廓：美式晚禮服、短版禮服、花式晚禮服。

材質：精紡羊毛。

色彩：黑色為主，時尚場合選擇花式布料。

圖案：暗紋黑色系。

搭配方案：標準搭配在時尚晚宴可創意搭配。

2. 活潑／力量型在正式場合中的穿著：

服裝款式輪廓：常春藤標準版型。

材質：領紡羊毛。

色彩：黑色系為主。

圖案：暗紋圖案為主。

搭配方案：正式服裝標準搭配。

3. 活潑／力量型在日常辦公中的穿著：

服裝款式輪廓：常春藤標準版型。

材質：精紡羊毛或毛麻、毛絲混紡。

色彩：灰色系、深藍色系。

圖案：條紋、格子、小方格、鳥眼、點子花紋。

搭配方案：三色搭配或四色搭配。

4. 活潑／力量型在商務休閒中的穿著：

服裝款式輪廓：常春藤標準版型。

材質：精紡羊毛或毛麻、毛絲混紡。

色彩：自由使用色彩。

圖案：經典圖案或新興商務布料圖案均可。

搭配方案：三色搭配或四色搭配。

5. 活潑／力量型在戶外休閒中的穿著：

服裝款式輪廓：依活動形式而定。

材質：依活動形式而定。

色彩：按和諧規律自由組合。

圖案：經典或流行圖案。

搭配方案：三色搭配或四色組合。

和平／完美型風格如何穿著

和平／完美型風格的男士，帶有強烈的休閒感，生活非常精緻。他們的生活品味，表現出了這些特點：內斂、沉默、冷靜、認真，看問題較透澈，不願成為焦點人物，適合做研究、傳授知識的人。

所以，和平／完美型風格的男士，穿著應當保持傳統的經典、平和不張揚，注重細節是一種有休閒感的精緻風貌。

1. 和平／完美型在禮儀場合中的穿著：

服裝款式輪廓：英式合身版型為主。

材質：純毛精紡。

色彩：黑色系。

圖案：無圖案。

搭配方案：標準搭配。

2. 和平／完美型在正式場合中的穿著：

服裝款式輪廓：英式合身版型為主。

材質：純毛精紡。

色彩：深藍色系。

圖案：無圖案。

搭配方案：雙圖案搭配。

3. 和平／完美型在日常辦公中的穿著：

服裝款式輪廓：英式合身版型為主。

材質：純毛精紡。

色彩：黑色系套裝。

圖案：無圖案。

搭配方案：雙圖案搭配。

4. 和平／完美型在商務休閒中的穿著：

服裝款式輪廓：英式合身版型為主。

材質：純毛精紡。

色彩：灰色系為主，類似調和。

圖案：小圖案或無圖案。

搭配方案：雙圖案或三圖案搭配。

5. 和平／完美型在戶外休閒中的穿著：

服裝款式輪廓：依活動性質而定。

材質：依活動性質而定。

色彩：柔和的色彩和諧方式。

圖案：輕柔圖案。

搭配方案：柔和乾淨，低對比搭配方式。

活潑／和平型風格如何穿著

活潑／和平型風格的男士，既熱衷休閒感，同時也很有創造力。所以，他們的性格、氣質帶有這樣的特點：機智、隨和、幽默、輕鬆，目標不明確。他們是別人最好的朋友，關係主導型。

因此，活潑／和平型風格的男士在穿衣時，應當側重於舒適的，有趣的，簡單而悠閒的，休閒而又有創造力的風貌。服裝的色彩應當富且明度高或低，純度較低，在經典圖案裡的變化。

1. 活潑／和平型在禮儀場合中的穿著：

服裝款式輪廓：美式晚禮服。

材質：精紡羊毛。

色彩：黑色。

圖案：無圖案。

搭配方案：標準搭配。

2. 活潑／和平型在正式場合中的穿著：

服裝款式輪廓：常春藤標準版。

材質：純毛精紡。

色彩：黑色系。如果同色系使用，類似調和，色相調和。

圖案：無圖案。

搭配方案：三圖案或四圖案柔和搭配。

3. 活潑／和平型在日常辦公中的穿著：

服裝款式輪廓：常春藤標準版。

材質：純毛精紡。

色彩：灰色系褐色系（類似調和）。

圖案：經典圖案為主流行圖案以柔和性為主。

搭配方案：三圖案搭配為主。

4. 活潑／和平型在商務休閒中的穿著：

服裝款式輪廓：常春藤標準版。

材質：毛麻混紡、貌似混紡。

色彩：隨意質樸有青春活力的色彩組合。

圖案：自然隨意的圖案為主。

搭配方案：雙圖案或三圖案搭配。

5. 活潑／和平型在戶外休閒中的穿著：

服裝款式輪廓：依活動項目的特點而定。

材質：依活動項目的特點而定。

色彩：活力隨意的色彩組合。

圖案：暗紋圖案。

搭配方案：依活動項目的特點而定。

完美／力量型風格如何穿著

完美／力量型風格的男性，非常具有職業化的特點，考究、極具權威感。他們表現出了果斷、有條理、目標明確的特點，是最佳的商業人才。

完美／力量型風格的男士，穿衣風格應當是引人矚目的、經典精緻的、考究的、有情調的、精幹的、職業化的、極具權威感的。

所以，完美／力量型男士在不同場合中，應當具有這些穿衣特質：

1. 完美／力量型在禮儀場合中的穿著：

服裝款式輪廓：英式或法式標準晚禮服。

材質：精紡羊毛。

色彩：黑色（無色彩調和）。

圖案：無圖案。

搭配方案：標準搭配。

2. 完美／力量型在正式場合中的穿著：

服裝款式輪廓：英式版型。

材質：精紡羊毛。

色彩：黑色系或深藍色系。

圖案：無圖案或小圖案。

搭配方案：標準正式服裝雙色或三色搭配。

3. 完美／力量型在日常辦公中的穿著：

服裝款式輪廓：英式版型。

材質：精紡羊毛。

色彩：深藍色系為主，深灰色系。

圖案：小暗紋圖案。

搭配方案：雙圖案搭配

4. 完美／力量型在商務休閒中的穿著：

服裝款式輪廓：英式版型。

材質：精紡羊毛。

色彩：海軍藍。

圖案：無圖案或小格圖案。

搭配方案：雙圖案搭配或三圖案搭配。

5. 完美／力量型在戶外休閒中的穿著：

服裝款式輪廓：依運動風格定。

材質：依運動風格定。

色彩：經典風貌的色彩組合。

圖案：經典圖案為主。

搭配方案：雙圖案或三圖案為主。

和平／力量型風格如何穿著

和平／力量型風格的男士，帶有明顯粗獷質樸的特點，他們的情緒平穩，一直堅定。正是因為這種特質，在穿衣時，應當遵循保守的對比、考究的、有威嚴感的特點。較強的色彩對比，略有簡單的設計感，較平淡的穿著，最適合他們的風格。

1. 和平／力量型在夜間禮儀場合中的穿著：

服裝款式輪廓：美式晚禮服為主。

材質：精紡羊毛。

色彩：黑色。

圖案：無圖案。

搭配方案：標準搭配。

2. 和平／力量型在正式場合中的穿著：

服裝款式輪廓：常春藤版為主。

材質：精紡羊毛。

色彩：黑色系或深藍色系為主。

圖案：無圖案。

搭配方案：雙圖案搭配。

3. 和平／力量型在日常辦公場合中的穿著：

服裝款式輪廓：常春藤版型為主。

材質：精紡羊毛後毛麻混紡。

色彩：深藍色系為主，深灰色系為主。

圖案：無圖案或大格圖案。

搭配方案：雙圖案搭配。

4. 和平／力量型在商務休閒場合中的穿著：

服裝款式輪廓：常春藤版型為主。

材質：以混紡為主。

色彩：黑色系、灰色系、褐色系。

圖案：無圖案或大格圖案。

飾品：皮包、手錶、皮帶、帽子等。

搭配方案：雙圖案搭配為主。

5. 和平／力量型在戶外休閒場合中的穿著：

服裝款式輪廓：依活動型態而定。

材質：依活動型態而定。

色彩：表現簡潔有親和力的色彩組合為主。

圖案：簡單大眾化圖案。

搭配方案：雙圖案搭配為主。

完美／活潑型風格如何穿著

完美／活潑型風格的男性，生活品質較高，精緻而有親和力，尤其對藝術非常熱衷。所以，他們的性格具有這樣的特點：藝術性、情緒化。善思考、有創造力。但容易半途而廢，雙重人格。

這些特質，決定了完美／活潑型風格的男生，穿衣應當具備強烈的設計感，尤其是豐富的線條。略有現代感，突顯個性，最符合他們的特點。

1. 完美／活潑型在禮儀場合中的穿著：

服裝款式輪廓：各種禮服形式均適合。

材質：精紡羊毛。

色彩：標準禮服用色。

圖案：花式晚禮服可選多種精緻布料。

搭配方案：標準搭配。

2. 完美／活潑型在正式場合中的穿著：

服裝款式輪廓：英美式版型。

材質：精紡羊毛。

色彩：黑色系或深藍色系。

圖案：暗圖案為主。

搭配方案：三色搭配或四色搭配。

3. 完美／活潑型在日常辦公中的穿著：

服裝款式輪廓：英美式版型。

材質：精紡羊毛或混紡。

色彩：藍色系、灰色系。

圖案：條紋、人字形、格子、鳥眼、點子花紋等。

搭配方案：三圖案或四圖案搭配。

4. 完美／活潑型在商務休閒中的穿著：

服裝款式輪廓：英美式版型為主。

材質：精紡羊毛或混紡毛或絲。

色彩：精緻有力的色彩組合。

圖案：各種經典和流行圖案均適合。

搭配方案：三圖案或四圖案搭配。

5. 完美／活潑型在戶外休閒中的穿著：

服裝款式輪廓：依活動型態而定。

材質：依活動型態而定。

色彩：有創意的色彩組合。

圖案：有創意的圖案表現。

搭配方案：三圖案或四圖案搭配。

TPO 原則

除了西裝套裝，禮服同樣是男士不可或缺的服裝。所謂禮服，是指在某些重大場合上參與者所穿著的莊重而且正式的服裝。根據場合的不同，可以分為軍禮服、晨禮服、晚禮服等等。禮服具有造型精美的特點，同時工藝非常講究，是出席重要場合的必要服裝。

那麼，男士禮服的穿著有怎樣的原則？又該如何進行組合搭配？

禮服 TPO 原則

在服裝領域，有這樣一句話：禮服是禮儀，是通用語言，是制式化。

正因為禮服具有禮儀、通用化、制式化的特點，所以禮服「TPO 原則」，我們必須了解和熟知。

什麼叫做「TPO 原則」？它是關於服飾禮儀的基本原則。T、P、O 三個字母，分別是英文時間 time、地點 place、目的 Occasion。TPO 原則，規定了人們在選擇服裝、考慮其具體款式時，首先應當兼顧時間、地點、目的，並應力求使自己的穿著及其具體款式與穿著的時間、地點、目的協調一致。

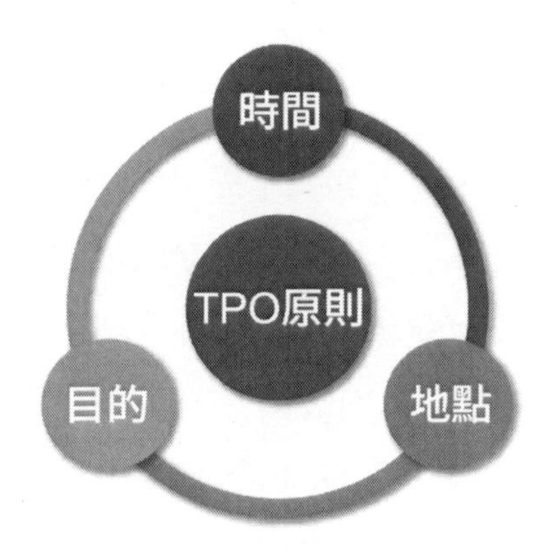

不僅對於禮服，正式服裝套裝、日常商務套裝等，都應遵循 TPO 原則。

談及禮服 TPO 原則，就不得不說起日本男裝協會 —— JAPAN MEN'S FASHION UNITY。禮服 TPO 原則即由這個協會所制定，它們梳理了基本的現代男裝國際規範和標準，將歐美為主流的「男裝規則」本土化，並最終取得了國際社會的認同。所以，對於禮服的規範化穿著，都以日本男裝協會的制定為標準。

男裝禮服，根據 TPO 原則可以有很多中選擇，如晚禮服、晚禮服、短版禮服、裝飾晚禮服等等。禮服 TPO 的重要原則之一，就是根據時間進行服裝調整。在歐洲 19 世紀之前，各國都有早中晚三次換裝的時間，禮服也遵循了這一原則。只是將其簡化為兩次。禮服時間界定以夜幕降臨時刻為準，大約在傍晚 18 時左右。在這個時間之前為晨禮服，之後為晚禮服。

晨禮服的特點，要求嚴肅、正式，而晚禮服的場合主要為晚宴、娛樂，所以更為輕鬆。不同時間禮服造型和配飾亦有區別，服裝材質也有相應調整。如晚禮服、晚禮服採用緞面駁領，而晨禮服採用素面駁領。

同時，男士禮服根據 TPO，也有著明確的級別分類。禮服級別就是一種符號，什麼樣的場合穿怎樣的禮服，這必須嚴格遵循，它代表了不同場合對穿著的要求。例如，在受到重要邀請時，我們會看到邀請函上注明穿著「White Tie 赴宴」，那麼就必須穿著穿晚禮服、白色領結前往。這種要求是硬性和唯一的；甚至還有更為高階的宴會，如歐洲皇室活動，甚至標明了布料、款式、色彩、加工手法等等諸多細節。這些都屬於 TPO 標準，即穿著級別，必須嚴格遵循。

所以，當我們參加重要的活動時，在選擇禮服之前，一定要根據活動的規模、時間、地點、目的、參會人群等確定自身風格。尤其是面對國際活動，或外國友人較多的活動，更要遵循相應要求。

禮服分類與搭配

根據場合和性質的不同，禮服的分類有很多，我們必須了解各自不同的特點，這樣才能做到有的放矢。

1. 晨禮服

晨禮服是男士白天正式社交場合穿著的大禮服，又稱「日間第一禮服」。通常來說，晨禮服只用作「公式化」的特別禮服，通常不作為日常正式禮服。

晨禮服的發展，可以追溯到 19 世紀。當時的歐洲狩獵風大興，紳士們坐車改騎馬，禮服大衣前很不方便，於是出現衣襟的前擺掖起來，這就是騎馬服。到了 1830 年「散步服」出現，卻沒有確立禮服的地位，直到進入 70 年代後正式以「晨禮」的成為進入上流社會。可以說，晨禮服就是歷史和地位的代表。

通常來說，晨禮服上裝為灰、黑色，後襬為圓尾形，其上衣長與膝齊，胸前僅有一粒扣，一般用吊帶。配白襯衫，灰、黑、駝色領帶均可，穿黑襪子和黑皮鞋。

晨禮服經典組合：

直貢呢、法蘭絨、DOESKIN、羊絨等成分的精紡毛織物。

阿斯科特領巾和雙排扣的背心，使得襯衫胸部完全覆蓋。

晨禮服飾品搭配：

晨禮服主要飾品是阿斯科特領巾和領帶。在某些場合，需要配備專用的鞋和手杖。

晨禮服的使用和變通：

晨禮服可以依據三種場合盡情變通：

儀式、慣例、約定；

傳統娛樂（馬術）、競技、運動（正式邀請）。

襯衫領帶的搭配：

一般來說，晨禮服的襯衫多採用小領型的，顏色以白色為主。同時，胸前還帶有裝飾褶皺。根據場合的不同，晨禮服既可以佩戴領帶，也可以佩戴領結，但需要保持與馬甲一致的顏色。如果出席婚禮等活動，可以選擇帶有提花的款式。

2. 晚禮服：

晚禮服的誕生早於晨禮服，在 1789 年法國大革命出現，屬於 18 世紀早期的禮服，沒有嚴格的時間限度。從 1850 年開始，晚禮服在上流社會的晚宴、舞會、觀劇等正式社交聚會中派上用場，二戰前正式成為晚間正式禮服。

晚禮服的特點，在於基本結構形式為前身短、西裝領造型，後身長、後衣片成燕尾形呈兩片。

晚禮服的顏色，首選黑色，上下裝同質同色，採用黑白搭配，或者深藍，表示嚴肅、認真、神聖之意；而布料則為直貢呢、DOESKIN 等質地緊密的精紡毛織物，配絲緞織物。目前，市面上有一些廉價的晚禮服，雖然價格便宜，但無論顏色還是布料都不符合要求，屬於「舞台道具類服裝」，並不能出席正式場合，所以不可購買。

對於晚禮服的搭配，通常以大禮帽、白領結、硬襯襯衫、雙側章褲和黑色漆皮鞋為主。這種搭配，最能展現男性的挺拔和優雅。

同時，晚禮服還分為英式與法式兩種。英式主要為高翻領，且是對稱的三角形，扣上扣時為對襟形狀。而法式晚禮服的特點則在於較長的前擺。

晚禮服是我們最常見到的禮儀服裝，重大會議上的發言人、音樂會上的指揮家，無一例外都是晚禮服穿著。看到晚禮服，就會帶來肅然起敬的感受。而知名大學 —— 伊頓公學，更是將晚禮服作為校服。所以，對於高品味男士，晚禮服是必不可少的。

3. 日間準禮服（Director's suit）

日間準禮服最早出現於 1900 年愛德華七世（Edward VII），主要在美洲和歐洲流行。當那些大型事業的董事們，白天頻繁聚會、談判後，晚禮服的長尾巴已經讓自己狼狽不堪，所以日間準禮服應運而生。

日間準禮服的搭配，以「標準三件套」為準 —— 溫莎領襯衫、灰色領帶、雙襟六扣或單襟六扣的背心，同時再搭配灰色的外套。如果搭配帽子，通常以圓頂禮帽為主。

某種意義上來說，日間準禮服屬於晨禮服的簡化版。發展到今天，日間準禮服已經帶有多元化的元素，應用場合較為廣泛，並且在布料和顏色上有了較大的自由度。設計上，日間準禮服就有單排扣和雙排扣兩種選擇，而根據場合的不同，淺棕、銀灰、深藍甚至是格紋，都可以成為日間準禮服的色彩。而最關鍵的一點，就是領帶。倘若身著日間準禮服卻沒有繫領帶，那麼不僅破壞了傳統，更讓自己的形象大跌，不倫不類。

4. 晚禮服

無論歐洲還是亞洲的發達國家，晚禮服的使用率都是最高的。因為，晚禮服可以理解為是短款的晚禮服，它屬於晚禮服的範疇，但是應用範圍顯然更為廣泛，不會受到長擺尾的約束。

晚禮服有一個明顯的象徵：緞面翻領。其翻領也分為劍領（Peak Lapels）、平駁領（Notch Lapels）和絲瓜領（Shawl Lapels）三種。它們分別代表了英國、法國和美國的不同特點。晚禮服的搭配，一般配以黑領結、黑色背心，雙翼領襯衫或和溫莎領襯衫為主，褲子為單側章褲，鞋子則為黑色牛津鞋。

在晚禮服中，在晚禮服中，腰封是非常重要的一款飾品。腰封主要和晚禮服配合使用，特別是和短塔式禮服組合幾乎成為一種公式。

伴隨著快節奏的現代化生活，如今晚禮服已經越來越受歡迎，即便以「考究」著名的歐洲紳士，才參加晚宴時，也更加青睞晚禮服。作為晚間晚禮服的平裝版，晚禮服日益成為社交場合的寵兒。近年來，我們看到的很多頒獎典禮、酒會、舞會等，男士多數都身著晚禮服出場。

當然，晚禮服雖然更加便捷，但是對於定位非常高階的宴會，還是以身著晚禮服為佳。

章節 3

沒有「面子」，怎麼會有形象

沒有面子，拿來形象？對於男士來說，臉面代表著自己的內涵、氣質，彰顯出自身的行事風格、職業特點等等。臉面的塑造，重點在於五官和髮型。一款適合自身的髮型，會立刻彰顯男士魅力與氣場；同時，配合五官的組合，我們的形象更加飽滿。臉面是男士的第一窗戶，擦亮這扇窗戶，整個人的氣質都能得到明顯提升。

分析男士臉型

臉型，展現了男士的臉部特徵和整體氣質。臉型的組成分為兩部分：臉的上半部是由上頜骨、顴骨、顳骨、額骨和頂骨構成的圓弧形結構，下半部取決於下顎骨的形狀。如何對臉部進行護理，如何找到最適合自己的髮型，這都需要透過臉型決定。所以，先找到自己的臉型特點，這是塑造個人風格的重點。

男士臉型的分類

男士的臉型，通常有以下幾個類型：

1. 橢圓形臉

橢圓形臉，即俗稱的「瓜子臉」。這種臉型的特點，額頭與顴骨部位基本一樣寬，比下顎稍寬一些，臉的寬度約大概是臉的長度的 2/3。通常來說，女性擁有橢圓形臉，在傳統審美眼光中最為完美，而男士倘若擁有橢圓形臉，看起來就會較清秀。所以，橢圓形臉的男士，能夠表現出清秀典雅的風情。

2. 長形臉

長形臉是非常多見的男士臉型。這種臉型的特點，在於臉型較瘦長，額頭、顴骨、下顎部位基本齊寬，比較顯眼的是長形臉臉寬小於臉長的 2/3。

長形臉型的男士，倘若五官分布合理，就會呈現出肌肉飽滿的特點，非常具有視覺效果，因此被看作是有大智慧的面相。一般來說，長形臉型都會表現出有遠見和有魄力的特點。所以，對於男士來說，長形臉型顯然是非常具有魅力的臉型之一。

3. 倒三角形

倒三角形臉型看起來就像一顆心，因此也被稱作為心形臉。這種臉型的特點，在於額頭處最寬，額頭往下均勻的過渡到尖下巴，同時下巴的線條在各種臉型中是最為迷人的。不過，這類臉型在亞洲男性中並不多見。

4. 方形臉

方形臉的特徵是額頭、顴骨、下顎的寬度基本相同，感覺四四方方的，是各種臉型中最容易辨認的。方形臉還有一個別名：國字臉。在亞洲男性當中，這類臉型是最為多見的。方形臉會帶給人任重、踏實的氣質。

5. 圓形臉

圓形臉顧名思義，臉型呈現出圓形的特點。圓形臉和方形臉有一定類似：都是額頭、顴骨、下顎的寬度基本一樣。不過，它們的區別也非常明顯：圓型臉在臉型的轉角處顯得比較圓潤豐滿，有時候被稱為娃娃臉，不像方形臉那樣稜角分明。通常來說，圓形臉的男士體態偏胖，整體表現出了一種富態的感覺。

6. 正三角形臉

正三角形臉並不是常見的臉型。這種臉型的特徵是額頭較窄，下顎最寬，從正面看去，很像一個正三角形。因為下顎較寬影響，看上去缺少柔美感。在很多地區，正三角形臉並不是讓人感到舒服的臉型，通常會給人留下「賊眉鼠眼」的印象。所以，擁有這種臉型的男士，必須從髮型、服裝多個角度入手，改變其他人根深蒂固的印象。

7. 菱形臉

菱形臉同樣不是一種常見的臉型。它的特徵是顴骨部位最寬，額頭和下顎逐漸變窄。所以菱形臉看上去會顯得尖銳，也較有個性，因此也被稱作為「鑽石臉」，看起來和鑽石有一定相似。

這七種臉型，涵蓋了大部分男性的臉型。事實上，多數男性的臉型特徵，包含了兩種或另種以上的特點，帶有混合的特質。無論我們的臉型側重於哪一種類型，都必須透過相應的髮型設計、服裝搭配等，達到揚長避短的效果。

帥氣臉型的特徵

帥氣、英俊、瀟灑，這是對於男士的最高褒獎。而這其中，臉型發揮了至關重要的所用。對於男性來說，「看臉時代」同樣適用。擁有完美、帥氣的臉型，會讓自身魅力得到全面提升，無論對於職場、生活都能帶來顯著幫助。

那麼，帥氣的臉型有怎樣的特點？

1. 鼻梁高挺，且修長，鼻翼平整。英俊的臉龐，鼻梁必然挺立，而不是蒜頭鼻或朝天鼻。
2. 額頭偏小。一般來說，小額頭的男士，無論留怎樣的髮型都會讓人留下深刻的印象，帥氣十足；但如果額頭偏大，就必須藉助瀏海等進行遮掩。儘管傳統民間有「額頭大福氣足」的說法，但對於現代審美來說，大額頭已經不再是被認作「帥氣」的特徵。
3. 顴骨不會過分凸出。顴骨一旦凸出，就會顯得整個臉龐過於立體，整個臉太小，讓人留下了刻薄的印象。

4. 完美、帥氣的臉型，通常眉骨會稍顯凸出，因為這樣會顯得眼睛深邃、充滿詩意，形成立體化的效果，讓整個眼睛看起來稜角分明且精緻。
5. 有的男士儘管五官看起來很好看，但是整個臉型卻有些差強人意，就在於額骨部分有些偏大。完美的臉型，具有顎部小的特點。額骨小，會凸出頸部的立體感，反之，整個臉龐很容易成為平面，讓五官淪為平庸。

實際上，幾乎沒有人可以完全達到這些標準。但是，我們可以透過其他方面的調整，達到帥氣臉型的追求。男士不是不能化妝，但不必如女性一般濃妝豔抹，只需在不足之處適當遮掩、盡可能提升長處，就會形成非常好的效果。

男士微整形

近年來，隨著微整形被越來越多的人接受，男士微整形也逐漸成為主流。不少微整形醫院，同樣打出了「塑造英俊臉龐」的宣傳口號。不少男士，尤其是商務職場人士，都會根據自身臉部出現的問題進行微整形調整，讓自己的形象更為凸出和飽滿。

對於男士來說，哪些微整形是最常見的？

1. 隆鼻

堅挺的鼻梁，可以讓臉型呈現立體的特點，帶來自信、挺拔。所以，男士隆鼻手術是最常見的微整形手術。一般來說，隆鼻的方式是注射玻尿酸，從而形成高挺的鼻梁，同時無任何副作用，安全又便捷。此外，假體隆鼻也非常常見。通常來說，鼻假體可在體內留存 20 年左右。

在做隆鼻手術之時，我們需要注意：不要把鼻子做得過細。否則，會讓人留下尖酸刻薄的負面印象。

2. 除皺

皺紋，是一個人形象的天敵。倘若皺紋過多，整個臉部都會呈現出鬆垮的姿態，讓人看起來老態龍鍾，這一點無論男女概莫能外。所以，進行除皺微創手術，也是不少男性的選擇。

除皺的手術方式，主要是透過注射肉毒桿菌，這對於男性常見的抬頭紋有很好的效果。同時，拉皮的效果也非常明顯。英國研究發現，3/4 以上的受術者臉部拉皮的效果能夠維持了 5.5 年以上。具體選擇哪種方式，我們應當與醫師進行深入地了解後，根據自身特點在做最終判斷。

3. 顴骨縮小手術

顴骨縮小手術的方式有很多，但針對男士來說，叫做「顴骨內推手術」最為常見。這種手術，主要針對的是那些臉型不算太寬、但正面顴骨較為凸出的男性，即俗稱的「高顴骨」。這種手術的操作方法是：將凸出的顴骨進行切割，取下一小段需要縮減的骨頭，然後將剩餘部分向內折入，再使用骨釘進行固定，保留顴骨部分。

顴骨內推手術看起來似乎非常複雜，但實際操作並沒有很大的風險。因為這種手術是在口腔內進行，沒有任何外部傷口，所以不會帶來傷口和疤痕。對於顴骨凸出並不是很明顯的男性來說，這種手術最為實用。

而對於正面和側面顴骨都較為寬大、凸出的男士來說，「顴骨鑿削術」則更為適合。這種手術的方式，在於將顴突與顴弓都打斷，同時去掉需要縮減的顴骨，讓整個顴骨向內移動，然後形成新的整體。

與顴骨內推手術相似的是，顴骨鑿削術同樣是在口腔內部進行，並不會帶來外部疤痕，同樣屬於微整形領域。透過這種手術模式，一個人的臉頰會出現明顯變化，臉頰縮短幅度非常大，效果很明顯。當然，相較於顴骨內推手術，顴骨鑿削術的技術難度複雜了很多，因此在選擇醫師時，需要那些經驗豐富的醫師進行手術，這是我們在進行微整形前必須特別注意的。

無論針對臉部的哪個部分進行微整形手術，我們都要明白：臉部的整形手術風險較大，所以如果隨便選擇整形機構的話，會增加手術失敗的風險。所以，一定要選擇有安全保障的整形醫院而不是小的醫美診所，盡可能從多個角度考察醫院的綜合實力，這樣才能最大限度風險。

當然，對於大多數男士來說，倘若臉部並沒有明顯瑕疵，那麼並不建議採取這些手術進行調整。透過化妝、穿衣打扮等，我們即可大為提升自身魅力；與此同時，男士的魅力，更重要是在於提升自身的風度、氣場。一個有魅力、有內涵、有修養的男士，即便臉型並不完美，卻同樣可以展現出自身的迷人風姿！

營造令人印象深刻的外貌

「臉」是一個人的第一符號。無論男女，確認帥哥、美女都以臉面為第一原則。

商務男士，同樣不可擺脫「看臉時代」。當他人想起我們時，首先映入眼簾的就是我們的面容。一個男士倘若臉部乾淨、整潔，自然而然地會讓對方產生依賴；但是，如果我們的臉面非常不佳，例如經常生瘡、帶有疤痕，那麼對方就會無形中產生一種排斥。畢竟，臉部不雅，會直接影響一個人的氣質，這對自身魅力的塑造、人際關係的建立百害而無一利。

所以，塑造有風度的臉面，是所有男士都必須學習的技巧。

男士面容的基礎禮儀

想要賞心悅目的氣質，那麼我們必須做好臉部的基礎禮儀。在出席正式場合之前，我們一定要做好這些部分的塑造，從而讓人留下深刻印象：

男士臉部的基礎禮儀

1. 眼部的修飾

眼睛是心靈的窗戶。所以，在參加正式活動之前，一定要注意好眼部的保養。倘若第二天一早便要出門，那麼前一天應當儘早休息，讓眼睛得到足夠的休息，避免出現血絲；而在臨出門前，再一次對著鏡子檢查眼睛，避免眼屎遺留在眼角。

部分男士喜歡佩戴墨鏡，但如果我們的活動主要為室內，那麼最好不要佩戴。

2. 耳朵的修飾

耳朵雖然不會直接面對他人，但是如果不注意，很容易扣分。因為耳朵不僅有分泌物，同時還容易積攢灰塵。所以，定期對而不進行清潔，這是必須的男士禮儀工作。

有一點需要特別注意：在清潔耳朵時，避免在工作職位上進行。掏耳朵本身並不是文雅的行為，很容易讓人留下不好的印象，所以盡可能選擇私人封閉的場合。

3. 鬍鬚的修飾

對於多數商務男士來說，如果沒有特殊的職業需求，應該把每天刮鬍鬚作為自己的一個生活習慣，不可以鬍子雜亂地拋頭露面。乾淨的下巴，會讓人感受到你的誠意。即便真的需要留鬍鬚，也應當到專業的工作室進行設計和打理，留下成熟、穩重的印象，而不是鬍子亂糟糟一團。

4. 牙齒的清潔

牙齒最能反映一個人的健康狀況和生活態度。即便我們的衣著再得體，倘若張開嘴卻露出了一排黃牙，那麼魅力值就會直線下降。所以，我們必須堅持早晚刷牙兩次的習慣。刷牙時，首先要注意時間，其次應當注意技巧，順著牙縫的方向上下刷，牙齒的各部位都應刷到。

與此同時，每年我們還應當前往醫院或牙醫診所，進行牙齒檢查和洗牙，確保牙齒看起來更加潔白和健康。倘若有吸菸、喝濃茶的習慣，就更應定期前往醫院進行檢查。

5. 鼻部的修飾

鼻子的修飾，對男士來說尤為關鍵。日常生活中，男士應當養成修剪鼻毛的習慣，每天清晨起床後，都應對著鏡子檢查鼻孔，一旦發現有鼻毛露出，就要及時將其修正。同時，我們不應忘記隨身攜帶紙巾。在任何地方出現鼻涕，都應該及時用紙巾進行擦拭，而不是當眾擤鼻涕、挖鼻孔，這樣既不衛生，也會讓人留下非常差的印象。

塑造乾淨整潔的面容

很多男士都有這樣一種誤會：臉部清潔是女性的事情，男士完全沒有必要如此。但事實上，男士臉龐雖然沒有女人的臉蛋嬌嫩，但如果不加護理，很容易讓皮粗出現粗糙、發暗。很多男士出現的痤瘡、晒斑等問題，事實上都是因為沒有經常護理臉部而產生的。所以，想要留下帥氣的印象，就必須把自己的臉弄「光滑」一些，乾淨一些。

1. 勤洗臉

想要保持皮膚的光滑，就必須堅持每天早晚洗臉，倘若時間允許，中午也應當使用清水進行清洗。對於男士來說，臉部清洗並不複雜，只要選擇適合自身皮膚的洗面乳或者肥皂，即可實現清潔的目的。

到了冬天，當我們洗臉之後，為了避免皮膚出現乾燥、毛躁的情況，可以適當使用一些護膚品，確保在乾燥的空氣中臉部皮膚依然保持水分。

2. 注意剃鬚細節

剃鬚看起來簡單，但卻直接關係著皮膚的光澤度。因為，剃鬚實際上是一個自然的去角質的過程：有規律地從皮膚表面去除死的、乾燥的細胞。

所以，對於剃鬚，首先我們必須選擇結實的刮鬍刀。我們可以根據個人洗好，選擇電動的或是安全型的刮鬍刀。一般來說，如果鬍子較厚，可以選擇先用電動刮鬍刀進行初步打理，再使用刮鬍刀片進行清理。而在刮完鬍子後，必須把剃鬚部位徹底地沖洗乾淨。同時，為了減少皮膚發炎，我們還應當選用三個刀片的刮鬍刀。

3. 學習正確的洗臉方式

一些男士儘管經常洗臉，但臉部皮膚的狀態依然非常差，一定程度上是因為不懂正確洗臉的方式，每次洗臉僅僅只是用涼水隨意一抹。正確的洗臉方式，應當是這樣的：不要直接將肥皂抹在毛巾上用力搓臉，而是用雙手將洗面乳抹擦在臉上，再用雙手自上而下，從裡往外，輕輕地、慢慢地揉動、撫摩，最後用清水洗乾淨。洗臉後，還應當用雙手輕輕拍臉頰、眼部、眼尾、鼻翼、前額等，能使水分被肌膚吸收。

4. 用溫水洗臉

很多男士為了省事，每天的洗臉都是用冷水；還有部分男士因為油性皮膚，所以每天用溫度很高的水進行洗臉，這都是不正確的洗臉方法。我們應當使用溫水洗臉，這樣既能保證毛孔充分張開，又不會使皮膚的天然保溼油分過分丟失。

5. 敷面膜

敷面膜當然不是女士的專利，越來越多的品牌，都已推出了男士專用面膜。尤其對於需要經常加班的男士來說，敷面膜會對自己的皮膚大為改善，不但可以舒緩工作壓力，更是對肌膚的深度滋養。

男士化妝技巧

化妝，這幾乎是女性的專屬。但是，這不等於男士沒有化妝的需求。尤其當我們出席大型商業活動、面臨大型演講活動之時，化妝就顯得非常有必要。儘管男士化妝相比女士化妝要簡潔很多，但是它同樣需要注重相應的技巧，從而提升自身魅力，帶來完美的臉部。換而言之，化妝其實不在於妝容與否，更重要的是注重對自身形象的管理。

1. 修眉

修眉是男士最常見的化妝。為什麼我們看到如賈伯斯等這些商界人士都帶有整齊的雙眉，這都與修眉不無關係。

男士修眉，與女士修眉有著本質不同。女士修眉的目的是為了突顯美麗，而男士修眉的目的，則在於整潔、統一，將眉毛部分雜亂剔除，將凌亂變為統一。所以，男士秀美的主要側重在於主眉線以外的眉毛拔去；而為了避免過於死板，有些需要去掉的部位可以考慮留下少許，以此看起來更加自然、清秀卻又不失男兒本色。

2. 增加腮紅

倘若我們將要參加一場演講活動，那麼適當增加腮紅是必須的化妝。因為，腮紅可以增加男士臉部的立體感，使其更有線條和稜角。同時，在演講臺上燈光打射在臉部，因為腮紅的作用，可以讓整個人的形象更加飽滿。

男士進行腮紅化妝，通常使用大號化妝刷蘸取粉末刷到兩頰部位。而根據臉部的不同，技巧也應有所調整。例如對於長臉型來說，在鬢角兩側和下巴處使用腮紅，會很容易讓觀眾的目光集中到中間部位，還可以讓臉部和頸部的色差有個良好的過渡。

如果我們有能力，不妨在活動開始前，邀請化妝師幫自己化妝，這樣會更加專業，更加散發自身魅力。

3. 唇膏

相比較女士使用唇彩化妝，男士使用唇膏即可。唇膏的目的，是為了保護唇部不脫皮、不乾燥，呈現自然健康的色澤。選擇哪種唇膏，需要根據我們的膚色和唇形來確定。一般來說，有白色、棕色、深棕色三種顏色，都是比較陽剛的顏色；同時，自然口味的唇膏，也較為適合男士使用。

除了這三種化妝手法，其他的化妝手法男士盡量克制。男士所展現出的魅力，應當是灑脫、大氣的，過重的妝容反而會讓自己增添累贅，影響整體形象。點到為止，是男士化妝的精髓。

合理治療臉部疾病

男士一旦出現臉部疾病，對自身的氣質影響非常大，如痤瘡、青春痘等等。面對這樣的臉部疾病，一定要及時治療，千萬不要有「過幾天就好」的思想。我們可以諮商皮膚科醫生或美容師進行專業解答。

1. 青春痘的治療

一些男士有事沒事喜歡摸摸臉，這正是造成青春痘頻繁出現的原因。因為，我們的手並非絕對乾淨，總是摸臉很容易滋生細菌，從而導致青春痘出現；同時過度清洗也是造成青春痘的原因。過度洗臉，會將皮膚上的保護油脂完全洗去，造成皮膚太過乾燥，反而可能感染細菌。所以，如果我們可以注意好這兩點，那麼青春痘的問題一定程度上就能得到解決。

2. 疤痕的治療

相比較青春痘，疤痕的治療就複雜了許多。造成臉部疤痕的原因有很多，包括皮膚的外傷、切割傷、燒傷、皮膚感染、外科手術等。透過充分降低切口的張力，精細操作，減少二次損傷，來減低術後疤痕增生的程度，臨床效果明顯。

如果臉部的疤痕較為明顯，那麼可以採取疤痕切除皮瓣移植手術。這種手術除了可以用於修復疤痕切除後的皮膚缺損外，還具有保護深層組織的作用。目前常用的擴張器技術也屬於皮瓣移植，透過在疤痕周圍正常皮膚下面埋置擴張器，經過幾個月的擴張，可以「長出」多餘的皮膚來修復疤痕。

3. 暗瘡的治療

暗瘡，是指是毛囊皮脂腺單位（pilosebaceous unit）的一種慢性炎症性皮膚病，多發於臉部，粉刺、丘疹、膿皰、結節等。治療暗瘡，分為外用和內服兩種方式。外用主要透過區域性外用藥物，如維他命 A 酸類（維他命 A 酸乳膏、Adapalene 凝膠、Tazarotene 凝膠）、過氧化苯、抗生素類（克林達黴素、紅黴素、氯黴素等）、杜鵑花酸、硫磺精等。經過一段時間的塗抹，暗瘡就會得到有效控制。

內服口服抗生素同樣可以達到效果，首選四環素類（美諾四環素、多喜黴素等），其次為巨環內酯類（紅黴素）。需要注意，這其中部分藥物為處方藥，必須透過醫生的診斷才能正常購買。

4. 注意忌口

臉部治療以後，復原的時間長短不一，有的人症狀不太明顯，幾個小時之內就可以復原。在這段時間內，一定要聽從醫生的建議，不吃忌口的東西，比如說刺激性食物：辣椒、蒜。

髮型決定風格

「一個新式的、好的髮型，能讓人擁有一個年輕的外表和完美的形象。一個人的髮型最先進入對方的視線，也就最先給對方產生某種印象。男人要想讓對方留下好的外表印象，就必須在自己的髮型上下點功夫。」

這是美國著名形象顧問瑪吉．馬斯特羅馬琪所說的一句話。有品味的男士，從不會忽視對於髮型的打理，尤其出席正式場合之前，會邀請專業髮型師為自己量體裁衣。適合自己的髮型，最能展現出自身的特質，給予自身足夠的魅力。

髮型的基本原則

無論工作場合還是設計場合，人們的目光，很容易鎖定在對方的頭上。所以，我們必須選擇一款適合自己的髮型，表現出自身的上進心和事業心。

對於商務男士而言，年輕男士的時尚髮型並不一定適合自己——過於繁瑣和設計感，很容易帶來累贅的視覺效果。當然，我們的髮型也不可太過老式，過時的髮型，說明一個男人已經失去了對於時尚的敏感，已經和世界脫節了。因此，在幹練的基礎上融入現代審美風格，這是魅力男士的髮型設計第一原則。

除此之外，我們還要從這幾個角度入手，對髮型進行設計：

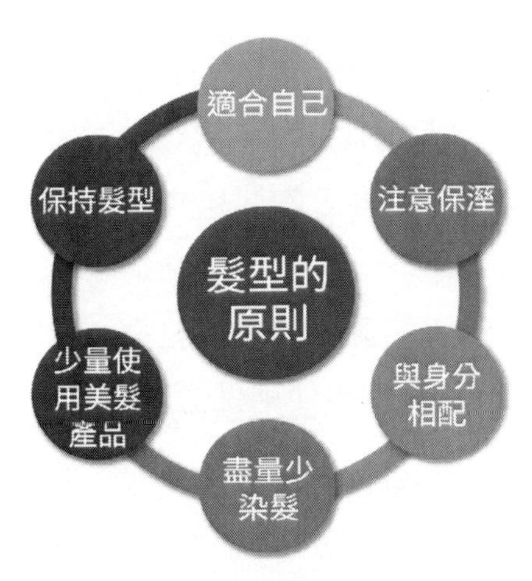

男士髮型設計的原則

1. 選擇一個適合自己的髮型

什麼樣的髮型最能彰顯自身魅力？毫無疑問，必須從自身的臉型和髮質入手。我們可以借鑑那些與自己臉型較為接近的成功人士，同時諮商專業的髮型師，確定髮型的基本方向。

2. 維持好自己的髮型

除了短髮之外，多數男士髮型都需要進行保持護理，如髮膠、定型噴霧等，都是男士不可或缺的。同時，盡量做到每週洗三次頭，並配合使用優質護髮素，都可以保持頭髮的健康，這都有助於髮型的維持。

3. 注意頭髮的保溼

頭髮在乾燥時非常脆弱，很容易出現開岔、打結等情況。所以在每次洗完頭後，不要過度使用毛巾擦拭頭髮。最好的方法，是自然晾乾，或者用吹風機吹乾。當然，吹風機的溫度不宜過高，否則會加速頭髮乾燥，很容易損壞頭髮。每次洗完頭後，最好再適當使用保溼用品。

4. 髮型選擇要和身分相配

有的髮型雖然看起來很適合自己，但是如果與自身的身分、工作並不相符，那麼就不適宜使用。髮型的重要原則，就是能夠突顯自身職業特徵。例如辦公一族，普通的髮型即可；如果是業務員，則要求短髮，以表現精幹的形象；如果藝術從業人員，則可以適當選擇長髮，但是一定要經常洗髮。

整體來說，最適合男性的髮型是短髮，整潔而有型，突顯自身的幹練和簡潔。還有一點需要注意：即便我們的髮量較少，也應當經常修整，表現出自身的魅力。

5. 少量使用美髮產品

男士髮型設計，應當遵循「天然至上」的原則，看起來越是自然，自身魅力就越是加分。雖然如今男士美髮產品已經越來越多，可以達到讓頭髮更柔順的效果，但是卻不能過於浮誇，因為油油亮亮的頭髮給人圓滑的感覺。尤其是商務男士，倘若美髮產品使用過量，會讓人留下「油嘴滑舌」的印象。

6. 盡量少染髮

通常來說，男士盡量少染髮，除非我們的工作性質屬於文藝行業。而對於上了年紀的男性，因為白髮增多的緣故，可以適當染髮，但必須循序漸進，不可突兀。同男士染髮，最佳的顏色為黑色，適當嘗試其他顏色時，切記不可過於花哨，否則會給人不夠沉穩的感覺。

根據臉型，設計髮型

什麼樣的臉型最適合自己？這必須根據自身的臉型來決定。

1. 橢圓形臉

橢圓形臉被譽為最理想的臉型，它擁有近乎完美的比例，所以幾乎可以適合所有髮型。但需要的注意的是，橢圓形臉的男士通常臉型較小，所以頭髮不宜過長，以免讓臉部看起來更小。

2. 方形臉

方形臉即國字臉，會給人嚴肅的感覺，所以，選擇線條較為柔和的髮型，會帶來較為舒適的視覺觀感。例如，短鬢角的髮型可以縮小視覺寬度讓方臉型的男士看起來更清爽。由於方形臉的臉型較大，所以盡量不要使用過長、中分等過於厚重的髮型，因為這樣看起來會讓自身過於沉重。

3. 長形臉

長形臉型與橢圓形臉相似，都屬於「萬能髮型臉型」。如果我們的臉型較長，可以選擇瀏海將額頭適當遮掩；同時，如果想讓頭頂頭髮留長的話，兩側的頭髮則不能太短，否則會顯得臉更長。

4. 圓形臉

圓形臉由於稜角不夠凸出，所以在選擇髮型時，應當選擇個性較強烈的髮型。例如，偏向莫霍克的髮型，會從視覺上拉長臉型。同時，圓形臉應當避免過厚重的瀏海髮型，因為瀏海會讓自己的臉型看起來更加圓潤。

5. 菱形臉

菱形臉的特點，在於下巴較窄、顴骨凸出，臉部的稜角感過強，所以在選擇髮型時，應當避免選擇服貼、順直的髮型，否則會讓臉上的線條更加明顯。可以選擇燙髮增強頭髮厚度和曲線感，中和過於鋒利的感覺。

6. 心形臉

心形臉跟菱形臉類似，都有顴骨較為明顯的特點。對於這種臉型的男士，不妨將頭髮適當留長；同時，還可以增加短且精緻的鬍鬚，讓下巴更為豐滿，這樣能夠使整個臉型更加平衡。

7. 三角形臉

相較於其他臉型，三角形臉型對髮型的要求更為嚴格。為了彌補過寬的下顎和較窄的額頭，我們可以選擇適當的長髮，同時還要注意層次感，適當增加頂部頭髮的厚度和寬度，上寬下窄的捲髮可以增加空氣感緩和下顎的輪廓。三角形臉型的男士，最好可以諮商擁有經驗豐富的髮型師，透過專業的角度，為自己設計一款最適合臉型的髮型。

男士髮型打理技巧

身為工作繁忙的商務男士，每次打理髮型都需要與髮型師預約、美髮沙龍預約，這顯然不是一件容易實現的事情。因此，我們必須學會自己打理髮型的技巧，尤其在即將參加商業活動之前，快速藉助鏡子整理髮型，會立刻提升自身的魅力指數。

1. 蓬鬆髮型的打理

蓬鬆的髮型，能夠展現男士的時尚和年輕。尤其在出席休閒活動時，蓬鬆的髮型可以彰顯自身輕鬆自在的狀態。我們可以按照以下流程，自己打理出蓬鬆的髮型：

首先，我們需要把頭髮清洗乾淨，保持頭髮溼潤的狀態。同時，要把頭髮上的水分擦拭乾淨。接下來，開始使用吹風機，一邊吹一邊用手抓蓬。這個過程非常講究細節，我們需要用手一邊按著頭頂的頭髮，用手指輕輕按壓，一邊使用吹風機，這樣才能保持立體感。

與此同時，我們還應當按著頭髮隨手抓起的方式，抓出造型，使用反捲的方式吹。對於瀏海部分，一定要用適當的力量向上抓，同時配合吹風機。

關閉吹風機，開始使用髮蠟。取一定的髮蠟在手掌心上，均勻塗抹在頭髮上，用手指抓出弧度。對於頭部頂部的頭髮，可以使其往前方和上方走，具體可以根據個人的喜好方向處理。此時，手部力量不可過大，以免傷害到髮根。

處理完畢前部後，最後需要把頸部頭髮向上抓。一定要確保乾淨俐落，這樣才能展現出造型感。當這些結束之後，一款時尚、精緻的蓬鬆髮型就會誕生。

2. 其他髮型的打理

除了蓬鬆髮型的打理，男士其他髮型，多數並不需要過於複雜的打理，只要保持乾淨即可。如果我們的頭皮較為乾燥，可以在頭皮上用些專用乳液或護髮油，也可以使用髮蠟；如果是偏分髮型，可以將定型髮膠塗抹在溼髮上，並用手指抓揉頭髮，產生彎曲和紋理的效果。只要對著鏡子細心、認真，那麼就能打造出適合自身氣質的髮型。

3. 男士必備的髮型產品

儘管男士的髮型打理相較於女性要簡單許多，但是一些必備的髮型產品，也是我們衣櫥裡不可或缺的。

（1）定型髮膠

定型髮膠可以保持頭髮的光澤和硬度，是必不可少的髮型產品。它的優點在於使用簡單，並且可以保持手部的乾燥，不至於雙手黏黏糊糊。但它的缺點也很明顯：味道較為強烈，同時使用過多會讓頭髮乾燥，失去韌性。

（2）護髮油

護髮油可以增強頭髮的彈性，非常適合短髮。如果我們的髮型以圓寸為主，那麼適當使用護髮油，會立刻增加頭髮的質感。

（3）髮蠟

髮蠟的特點與護髮油相似，但它的特點在於蠟質。所以，髮蠟在使用之前，必須確保頭髮完全乾燥，因為蠟和油質產品是完全不溶水的。

（4）髮膏

髮膏的使用，主要針對中長髮，它對於控制亂髮很有效果。如果我們的髮質較好，那麼每天清晨都可以適當使用髮膏來解決亂髮的問題。除了讓頭髮變得整齊，髮膏還會為頭髮帶來光澤、柔順，讓自己的形象更加乾淨、俐落。

這四種髮型產品，是男士最常用的。除此之外，其他髮型產品還是少用為妙。

眼神的魅力

眼睛，可以展現男性的內心和涵養。具有魅力的男士，通常都有讓人過目不忘的眼睛和眼神，例如香港著名影星張國榮、梁朝偉，都具有一雙「會說話的眼睛」，所以他們都是香港最具魅力的男士。

對於魅力男士來說，不可忽視眼睛的塑造。

男士眼睛的分類

「眼正心正、眼善心善、眼噁心惡、眼斜心斜」，這是眼睛為一個人帶來的直觀印象。那麼，我們屬於哪一種眼睛？

首先，我們必須了解標準眼型是怎樣的。國際公認的標準，標準眼型應當是一個圓潤的平行四邊形，可以形容成飽滿的橄欖或杏仁；眼頭和眼尾兩點之間的連線應該趨於水平；眼睛的寬度和長度比例應該是 2：3；眼頭是打開的、雙眼皮摺痕線呈自然的月牙形。

當然，絕大多數人的眼型都不可能完全標準。以下十類，是我們最常見到的眼型。

1. 丹鳳眼

丹鳳眼，就是我們常說的「單眼皮」。近年來隨著韓國潮流的進入，丹鳳眼男生漸漸受到喜愛。丹鳳眼的特點在於較為陰柔，眼尾大於眼頭，眼尾略高於眼頭；瞼裂細長，內窄外寬；眼瞼皮膚較薄。擁有丹鳳眼的男生，帶有明顯的東方氣質，會呈現出清秀可愛的氣質。

2. 瞇瞇眼

顧名思義，瞇瞇眼就是指那種眼睛較窄、較小的眼型。瞇瞇眼通常眼瞼裂小狹短，眼頭眼尾均小，黑珠、眼白大部分被遮擋，眼球顯小。瞇瞇眼看起來似乎不夠有神采和魅力，但其實它能夠展現男士的溫柔、和氣。

3. 桃花眼

擁有桃花眼的男士，無一例外都非常帥氣，眼睛即可寫出魅力。桃花眼會讓眼睛顯得水汪汪的，眼型象桃花，睫毛長，眼尾稍向上翹，瞳仁常往上面斜視，眼神似醉非醉。這類男生，通常擁有讓人迷戀的眼神，所以異性緣非常好。

4. 荔枝眼

荔枝眼的特點，就在於眼睛較圓，瞼裂較高寬，黑珠和眼白露出多，眼睛顯得圓大，所以又稱圓眼、大眼。荔枝眼給予人目光明亮、有神的印象，很容易在公開場合吸引眾人的注意，某些時候帶有強勢的特點，但是有時候不免秀氣不足。

5. 三角眼

三角眼的特點，在於上瞼皮膚中外側鬆弛下垂，眼尾被遮蓋顯小，使眼裂變成近似三角形。通常來說，三角眼的男生表現出了精明能幹的特點，但是也很容易讓人產生不安全感，太過精明，並且占有欲過強。

6. 三白眼

擁有三白眼的男士，往往瞳仁很靠上或者很靠下，看上去三面的眼白很多，所以稱為「三白眼」。三白眼通常來說並不受歡迎，會給人冷漠無情的感覺。所以，三白眼男士必須透過其他方法，改變他人對自己的這種主觀認知。

7. 泡泡眼

泡泡眼又被稱為魚泡眼，眼睛明顯外凸，有些類似金魚的眼睛。眼瞼皮膚肥厚，皮下脂肪臃腫，凸起，使眉弓、鼻梁、眼窩之間的立體感減弱，外形不美觀。泡泡眼會帶來負面的形象，給人神態不佳、不靈活的錯覺。

8. 細長眼

細長眼和瞇瞇眼有一點類似，眼睛較長，因此又被稱為長眼。細長眼的瞼緣弧度小，黑珠及眼白露出相對較少。所以，這種眼型的男士，往往會顯得有些無精打采。

這種眼型的男生往往顯得沒神。

9. 垂眼

垂眼的特點，在於眼尾低於眼頭，眼尾下斜，正面觀看呈「八」字形。垂眼的效果因人而異，有時會顯得天真可愛，有時又會給人陰鬱的感覺，所以必須根據場合進行妝容上的調整。

10. 深窩眼

深窩眼的特點是眼窩較深，通常多見於西方人，東方男士並不多。這種眼型看起來整潔舒展，不過到了老年時會因為皮膚鬆弛，整個面容看起來較為憔悴。

眼睛變大的護眼操

炯炯有神、乾淨清澈……這都是對於眼睛的形容。從這些成語可以看出：大眼睛最能展示自身的魅力。所以對於男士來說，讓眼睛看起來大一些，自然會提升自身的形象。雖然眼睛的大小屬於先天因素，但是我們可以透過保健操達到眼睛變大的效果。

1. 張大眼睛，用中指、無名指一起在鬢角近太陽穴部位，按住 3 秒鐘，放開 3 秒鐘，雙手同時按摩 5 回。
2. 用三個手指在大臼齒與牙齦之間的位置，從嘴角到耳下分為 4 個觸點，每 1 觸點以畫圓圈方式輕輕推拿 2 回，以同樣的步驟重複 5 回，當然另一邊也要做。
3. 看著鏡中的自己（與臉距離 30 公分並成 45 度角），下巴往上仰的同時，眉毛也往上吊著，靜止 3 秒之後再繼續原來動作，以同樣的步驟重複 10 回，當然也別太用力，小心會產生皺紋的。
4. 臉部向上仰 45 度，眼睛向下望，用左食指按住眉梢，左中指按住眉頭，以下滑的方式輕輕撫摩眼瞼 10 回。
5. 雙手同時用大拇指向上撐，以一撐一放各 1 秒鐘的方式輕輕推拿 15 回。
6. 用大拇指及食指按住眼窩骨上方，以畫圓圈的方式由內向外輕輕各推拿 15 回。
7. 臉部往上仰 45 度，眼睛向下望。雙手同時用食指、中指、無名指以一撐一放各 3 秒鐘的方式，在眼瞼部輕輕推拿 15 回。

8. 雙手中指也是以一撐一放各 3 秒鐘的方式，在眼窩骨上方輕輕推拿 10 回。
9. 臉部往上仰 45 度，雙手中指在眼瞼中間部分，以畫圓圈方式輕輕推拿 10 回。
10. 兩眼大小不對稱的時候：在眼睛較小的一邊，請重複做上述的眼部按摩步驟。
11. 想讓眼睛長的再長一點時：在眼睛較小的一邊，用中指在眼部周圍以順時針方向，輕輕推拿 20 回。

藉助手術對眼部微整形

如果我們的眼部有明顯瑕疵，那麼不妨藉助眼部微整形，對眼睛進行調整。男士做眼部微整形手術的目的，在於讓眼睛更加趨於自然。

1. 檢視自己是否需要做眼角手術

開眼角是目前最為主流的眼部手術，它風險低、手術快，可以達到很好的眼部增大作用。

但是，並不是所有男士都適合進行開眼角手術。我們必須仔細觀察自己的眼部特點，並按照醫生的建議再決定。

通常來說，這四類男士，需要做開眼角手術。

1. 雙眼距離過寬。透過開眼角手術，可以切除內眥贅皮將眼頭開大，有效拉近兩眼間距。
2. 眼睛明亮度不夠。藉助手術，實現開眼頭的目的，從而讓眼神明亮照人。
3. 眼角下垂嚴重。眼角下垂的男士也可以透過開眼尾得以矯正，如果還伴有上瞼下垂可在 6-12 個月後進行上瞼下垂矯正術配合治療。
4. 眼睛過小。開眼角手術，可以明顯拉寬眼裂，從而讓眼睛顯得細長，並帶有優美的弧度。

2. 最常見的男士眼部手術：去除眼袋

眼部微整形手術中，去除眼袋是最常見的手術。很多男士因為生活習慣不佳，導致眼袋過重，整個人看起來有些蒼老和萎靡，而去除眼袋可以讓自己恢復年輕狀態，眼睛炯炯有神。

3. 雙眼皮手術

倘若我們的眼睛過小，那麼雙眼皮手術能夠達到很好的眼睛增大的效果，同時提升眼部部分的層次感。根據自身狀況的不同，雙眼皮微整形手術主要分為以下兩種：

1. 埋線法：倘若我們的年齡較小，上眼皮沒有鬆弛、臃腫的情況，那麼可以採取埋線法微創手術。這種手術的特點在於不切斷上瞼皮膚，或切開很少一點皮膚，將線埋入長期留存下去，也可在形成雙眼皮後，過一段時間取出，非常簡單方便，並對身體沒有任何副作用。
2. 切開法：倘若我們的年齡較大，同時上瞼脂肪較多，此時可以採取切開法。醫生切開皮膚後，會去除脂肪和皮膚，再形成雙眼皮。此方法形成的雙眼皮皺褶十分穩固，睫毛上翹，眼稍上提，顯得眼睛有神。

4. 眼部整形自我護理：

1. 術後 48 小時內可用冰袋區域性冷敷。冰袋可減輕術後疼痛，還有止血和消腫的作用，但要注意冷敷時力度要適中而且要將冰袋包紮好，防止液體外溢浸溼紗布，導致眼部感染；
2. 做重瞼術或眼袋手術後，不要因為疼痛而不敢睜眼，閉目休息不利於重瞼的成形及腫脹的消退；
3. 眼瞼組織為疏鬆組織，術後待疤痕軟化、眼瞼完全恢復需要 3 個月到 6 個月時間。術後 3 日或拆線後開始區域性熱敷，以軟化疤痕，縮短疤痕平復時間。待手術創口癒合後，可做區域性按摩，以減輕水腫，促進組織恢復。

帥氣的五官

五官，講究的是搭配。很多男士某個五官看起來非常迷人，但和其他五官組合在一起時就顯得不夠有魅力。所以對於男士臉部，除了提升單獨部分的特質，更要進行五官的整體塑造，從而散發迷人氣質。

讓眉毛成為亮點

眉毛位於眼睛上部，是臉部重要的組成。巧妙對眉毛進行修飾，不僅能夠增強眼部視覺效果，還可以讓整個臉部五官活躍、立體起來。

1. 方臉型適宜的眉毛：上揚眉

方形臉的稜角太過分明，有時候不免給人過於刻板、不好接近的形象。而上揚眉帶有很優雅的弧度，掩飾了臉上稍顯嚴肅的角度，整個臉型的線條被中和，因此看起來頓時舒適了很多。

2. 倒三角形臉型適宜的眉毛：自然眉

有些消瘦的男士，臉部呈現倒三角形的特點，下巴過尖，導致整個人看起來較為陰柔，男子氣概不足；同時，倒三角臉型線條較銳利，倘若上揚眉，會加重臉部線條的硬度，給人一種不容易親近的感覺。所以，倒三角形臉型的男士，應當盡可能讓眉毛顯得自然，這樣有助於臉部線條的柔和，同時讓眼睛也變得溫柔起來。

3. 圓形臉適合的眉毛：高挑眉

圓形臉的男士看起來年齡較小，不夠成熟，因此眉毛適當修飾為高挑眉，可以有效規避缺點。高挑眉帶有較高的弧度，能夠拉開眼睛與眉毛的距離，整個臉部的五官看起來不會過於集中緊湊，整個臉型顯得更加具有比例。

選擇適合自己的商務眼鏡

眼鏡同樣是臉部的重要組成。選擇適合自己的商務眼鏡，會大大提升自身氣質，給他人帶來儒雅、精緻的印象。

1. 突顯清秀的眼鏡

如果我們的面容較為清秀，同時工作性質帶有儒雅的特點，那麼選擇半框或無框的眼鏡最為適宜。這類眼鏡，通常質感細膩，美觀有型，佩戴後給人一種很有文化素養的印象。

2. 突顯成熟金色框架眼鏡

對於追求商務場合成熟氣質的男性來說，金色框架的眼鏡最能展現自身社會地位。首先，金色是高貴的顏色，可以彰顯自身價值；同時，全框架眼鏡能夠給人依賴感，所以在商業活動中舉手投足更顯自信的風範。

3. 最適合臉部皮膚較黑的眼鏡 —— 玳瑁色眼鏡

部分男士因為臉部皮膚較黑，所以在進行商務洽談時，不免會讓人感到強悍、硬氣，不容易接近。這個時候，不妨選擇一款與膚色接近的玳瑁色眼鏡，以此降低臉部的線條，以此給人親近感。

如何選擇眼鏡，必須以自己的臉部特點為基礎，同時根據自身社會地位，這樣，眼鏡就能成為我們的形象加分項，更加彰顯個人魅力。

塑造帥氣五官的小技巧

每個人的五官都是先天形成，除了手術，似乎很難出現較大變化。但是，我們可以在日常生活中，透過一些小技巧，提升五官的帥氣度。當然，這裡的五官並不僅限於五官，而是包括了我們身體的多個部分：

1. 經常捏鼻梁，鼻梁就會有一定程度地變高。
2. 每天起床後，可以用手揉雙眼三下，但手需要保持乾淨。久而久之，雙眼皮就會加深。
3. 每天花半分鐘用手指繞著眼睛畫圈，力度要輕柔，這樣眼睛會逐漸增大。
4. 洗完臉後不要擦乾，而是用手拍乾，或者晾乾，這樣皮膚會緊緻，而且可以瘦臉。
5. 閒暇之時，可以從兩側捏手指。久而久之，指甲會形成帶有優雅弧度的橢圓形。
6. 洗臉時適當滴入白醋，久而久之臉部皮膚會更為白嫩。
7. 端正自己的坐姿，降低二郎腿的次數，這對腿型的塑造非常重要。
8. 睡覺前，輕輕按摩眼部和臉部，能夠增加淋巴循環，加速體內毒素的排出。但需要注意力度，否則很容易帶給皮膚皺紋。

這些技巧，都是生活中非常容易實現的。只要我們可以堅持下去，那麼過了一段時間就會發現，自己的五官魅力得到了明顯提升！

章節 4

男士要根據場合穿搭

身為商務人士，我們需要出席多種場合 —— 正式會議、高峰會、商務晚宴、休閒活動等等。不同的場合，對我們的服裝要求都有著明確規定，尤其是國際型會議。因此，我們的衣櫥必須根據不同場合進行服裝的配置，這樣才能在不同場合做到得體大方，充滿儀式感。穿衣穿著，是男士的基礎禮儀，是對活動的尊重，更是對自己的尊重。

衣櫥必備衣物

身為男性，我們的衣櫥也許並不如女性那般豐富多樣，但身為商務人士，我們同樣需要做到精準、精緻，尤其是針對各種場合的正式服裝、休閒服裝等。只有做到基本款型完善、完備，這樣我們才能做到輕鬆應對各種場合，不至於即將赴宴時，卻因為沒有適合的服裝，結果出了糗。

衣櫥規劃的 3 個原則

不要以為，男士的服裝搭配非常隨意，針對場合、性質的不同，我們的衣櫥規劃，應當滿足這三個原則：

1. 正式商務套裝

正式商務套裝，簡稱為正式服裝，即是出席正式場合需要穿著的服裝，多數都以西裝為主。而根據場合的不同，中山裝，民族服飾等，也可被囊括在正式服裝之中。最常見的男士正式服裝，是我們常常在上班族們身上看到的「襯衫＋西裝＋領帶」，所以在男士的衣櫥裡，這三樣是必不可少的。同時，我們還要準備數套正式服裝，如顏色、款式上的細節區分，以此更加滿足不同場合的不同需求。

2. 日常商務裝

日常商務裝，也是男士衣櫥中必不可少的一個分類。有別於正式商務裝，日常商務裝的適用場合會更加輕鬆活潑又不失嚴肅，這對於多數職場男士等都是非常需要的。甚至很多企業，都明確要求員工必須身著商務裝上班，因為日常商務裝具有企業識別功能，關係著企業形象。因此，對於多數商務白領男士來說，多款日常商務套裝，也是衣櫥裡必不可少的分類。

3. 休閒商務裝

相較正式服裝、日常商務裝，休閒商務裝的特點更為靈活，色彩也更為豐富，會極大地展現出一個人的年輕、時尚、動感和活力。很多男性都會出席一些較為輕鬆的場合，這個時候，休閒商務裝就更為適合，既不失禮儀，又顯得輕鬆。

這三個原則涵蓋了商務男士最常接觸的三個場景。無論我們選擇那種穿著出席場合，都必須嚴格按照「目的、職業、職位、地點」的四個因素來做調整：

例如，當我們晚上要參加一場產業高峰會（目的），會議地點在某高級商務飯店（地點），出席人員包含了行業領袖、國際知名人士（職業），而自己作為某家企業的中階主管（職位），這時候就應當身著淺色正式服裝出席，這樣既符合場合的需求，做到了莊重、正式；同時，淺色的正式服裝又不太過搶眼，不至於搶了相關行業專家的風頭。而當我們出席某企業家聚會，活動場地在高爾夫球場時，過於莊重的正式服裝就顯得非常不合時宜，很容易讓聚會成員感受到距離感和疏離感。

所以，任何一種穿著，都必須在「目的、職業、職位、地點」這四個範疇中應用，才能真正展現出自己的魅力與特質。唯有掌握精準的穿衣風格，才能讓自己的魅力盡情閃耀！

衣櫥必備單品

看一個男性是否有品味，打開他的衣櫥即可。身為魅力男人，懂得場合風格的男人，以下這些單品，是必不可少的：

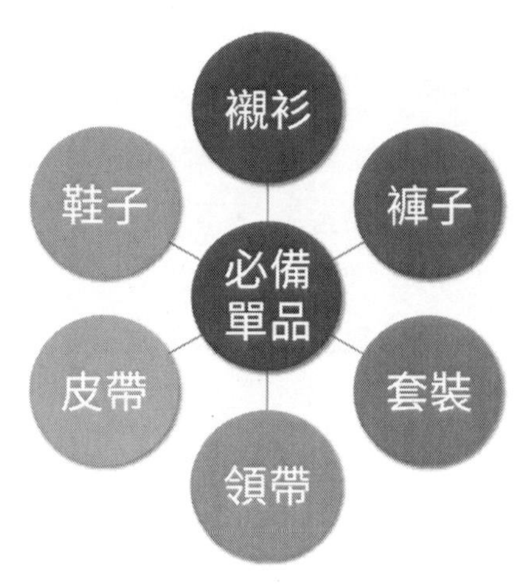

男士衣櫥必備單品

1. 襯衫

數量：8-12

三件白襯衫

三件淺藍色襯衫

三件條紋襯衫

三件其他顏色的襯衫：象牙白，粉色，淺灰等

2. 褲子

數量：6

海軍藍色

灰色

有圖案的：細條紋或格紋方格的

西裝褲、素色褲子、休閒褲、格紋褲，這都是男士衣櫥不可或缺的。根據不同場合進行不同搭配，這樣才能展現自身魅力。

3. 領帶

數量：12

1 條單色的

2 條淺色的

3 條花紋的：佩斯利紋、抽象圖案或者徽章圖案的

3 條絲光圖案的

同時，領帶也是衣櫥裡必須準備的。黑白經典款式必不可少，格紋款、條紋款在日常商務、休閒商務時都十分白搭；領帶則是為晚宴等活動做好準備。

4. 套裝

數量：2

海軍藍色

灰色（單色或淺淡花紋）

備選：運動休閒的或海軍藍色休閒西裝套裝

5. 皮帶

數量：2

黑色簡潔

只要身著長褲，皮帶就不可或缺。某些男士因為腰圍的緣故，穿上西裝褲後不必繫皮帶也不會滑落，因此選擇放棄皮帶，這是穿著大忌。皮帶的作用，是為了彰顯整個人的氣質，它的附加意義，要遠遠大於功能作用。

6. 鞋子

數量：3

一雙黑色繫帶正式服裝鞋

兩雙黑色便鞋

衣櫥裡的額外配置

除了服裝這些必備單品，以下這些額外配置，同樣是必不可少的。

1. 皮夾

一個質地優良的皮夾。當我們的皮夾盡顯高級商務特質時，會立刻吸引所有人的目光，對我們的品味感到折服。

皮夾的風格也有很多，如長款、短款等等。對商務男士來說，長款皮夾最為適合，會彰顯個人的大氣；同時，選擇顏色較為沉穩的皮夾，也能展現出自身的商務化風格；而對於髮型師、IT 行業等較為時尚個性的行業，選擇顏色大膽、造型新穎的皮夾與服飾進行搭配，也能營造出前衛的感覺。

2. 鋼筆

對於很多商務人士來說，經常需要參加各種大型會議，簽署協定、合約等。所以，對於鋼筆的選擇同樣不可忽視，知名品牌如派克、萬寶龍等，都有高級簽字專用筆，非常展現男性的品味。切記，對於正式場合來說，水筆、原子筆等會大大拉低自身形象，不是簽署重要檔案的選擇。

3. 眼鏡

對於近視男性來說，一款精緻的眼鏡，同樣不可或缺。眼鏡的選擇，一定要根據自身的臉型和職業特點來確定。從材質上來說，從材質方面來說，純鈦無疑是最好的選擇。因為純鈦材質的眼鏡重量較輕，不會帶給臉部壓迫；同時，純鈦不易變形，立體感很強，因此具有品格氣質。

同時，眼鏡還分為全框、半框和無框三種類型。全框眼鏡較為穩重，適合正式場合；半框眼鏡則較為時尚，給人輕鬆灑脫，極具親和力的感覺；而無框眼鏡的應用範圍最廣，同樣能夠展現出無限活力。我們不妨諮商專業的配鏡師，選擇最適合自己的眼鏡類型，彰顯自身魅力。

4. 手錶

手錶，是男人的象徵。

魅力男士，絕不會忽視手錶對於自身的裝扮。錶對於男性，不僅是專屬奢侈品，更是優雅與品味的象徵。成功男性帶著一塊符合身分的手錶，意味著時間觀念強、作風嚴謹，同時抬手看時間是最常態也是最優雅的姿勢。

在什麼場合佩戴什麼風格、什麼品牌的手錶，有著非常嚴格的考究，一塊錶在所有場合「通用」的穿著行為是行不通的，那是沒有品味的表現。商務、運動、休閒、社交……我們必須根據場合，佩戴不同風格的手錶。通常來說，金色、銀色或黑色皮質錶帶的手錶是不可或缺的。

5. 襪子

襪子雖小，卻會在不經意間展現男士對於服裝搭配、商務場合要求的了解。一般來說，男士至少需要 12 雙襪子，分別為深單色的或不明顯花紋的。有一個非常重要的禁忌，是每個男性都必須了解的：正式場合，深色正式服裝絕對不能配淺色襪子的，否則被認為是膚淺無知和庸俗。近年來我們看到個別明星身著深色西裝卻穿白色襪子，這是正式場合非常忌諱的。

同時，選擇襪子時，應當選擇天然纖維含量在 60%以上的襪子。天然纖維包括棉、麻和桑蠶絲，目前國內外上等商務襪的主流原料是絲光棉。之所以選擇這樣的襪子，是因為天然纖維不僅具有純棉吸溼透氣的天然特性，而且具有光潔平整、柔軟抗皺的優點，不至於在正式場合出現褶皺、下滑等問題。

正式服裝

對於商務男士來說，正式服裝是最常穿著的服裝。那麼，在選購正式服裝時，我們該有哪些方面的注意，又該如何正確搭配正式服裝？

正式服裝的五項原則

正式服裝從誕生至今，已經有了幾百年的歷史，發展出了非常完善的體系。所以，穿著正式服裝，就必須嚴格遵循相關事宜，這樣才能展現個人魅力。以下這個五個原則，是我們必須熟知和遵循的：

1. 國際慣例

正式服裝不僅是一種服裝，更是一種文化，一種符號。正式服裝起源於西方，但在長期頻繁的國際跨文化交流中，正式服裝已經形成了共識，什麼場合穿怎樣款式的正式服裝、搭配怎樣的色彩，這些都有了約定俗成的國際慣例。所以，身著正式服裝，就必須遵循國際規則。

2012 年，知名導演在泰國宣傳電影，收到泰國女總理英拉接見。原本正式的場合，導演卻捲著襯衫袖子，領扣扣子也沒有扣好，被廣大網友抨擊，認為其不尊重泰國女總理，缺乏最基本的禮儀。

由此可見，正式服裝對於一個男性的重要性。在什麼場合穿怎樣的服裝，遵循國際慣例，這樣才能真正展現自身魅力。

正式服裝的基本國際慣例，這兩點是不可忽視的：

首先，穿正式服裝如不打領帶，內穿的襯衫不應繫領扣；

其次，穿西裝、打領帶並不一定非得配領帶夾。如果使用領帶夾，以穿 7 顆紐扣襯衫而言，大致應別在襯衫自上而下數的第 4 顆、第 5 顆紐扣之間。繫上西裝的鈕扣應當是看不見的。

還有很多正式服裝的國際慣例，我們都應一一學習。尤其是在重大活動開始之前，我們一定要了解這場活動的特點、嘉賓組成，杜絕在小細節上疏漏頗多，最終貽笑大方。

2. 穿的是歷史

很多男性都有這樣的疑惑：為什麼一定要打領帶？為什麼一定要露出襯衫的第二顆扣子？這樣做，豈不是非常繁瑣？

我們必須明白這樣一個道理：穿著正式服裝，穿的是歷史！每一款正式服裝的發展，都有著不下百年的歷史，多數都由歐洲貴族皇室所帶領，它所代表的，是文化，是禮儀，是身分的象徵。也許，我們很難對一款正式服裝每一個細節的來龍去脈都做到瞭如指掌，但我們必須學會尊重這些細節。「穿的就是歷史，穿的就是內涵」，不要因為自己的不理解就草率地做出改變，否則只能讓人感到你對歷史缺乏基本的尊重！

3. 功能在內不在外

正因為正式服裝具有很多細節之處，所以它也有了很多功能。如西裝、襯衫口袋較多，因此有的人就將這些口袋裝得鼓鼓的。這種行為，顯然破壞了正式服裝的特質。

正式服裝有這樣一句話：功能在內不在外。這就是說，正式服裝的功能特點，在於點綴、裝飾，而非真的「功能性」。將口袋裝得鼓鼓的，只能展現出自己的無知 —— 對於正式服裝功能的不熟悉、不了解。

以西裝的口袋為例，不同位置的口袋，它的功能也不太一樣：

上衣左側外胸袋：除了可以放入一塊用以裝飾的真絲手帕外，不應再放其他任何東西，尤其不應當別鋼筆、掛眼鏡。

上衣內側胸袋：可用來別鋼筆、放皮夾或名片，但不要放過大過厚的東西或無用之物。

上衣外側下方的兩個口袋：原則上以不放任何東西為佳。

西裝背心上的口袋：多具裝飾功能，除可放置懷錶外，不宜再放別的東西。

在西裝的褲子上，兩個側面的口袋只能放紙巾、鑰匙包後側的兩個口袋，應不放任何東西。

這些細節，我們必須學習和掌握，避免不當的使用，破壞了整個人的形象氣質。

4. 男裝不變，女裝多變

通常來說，女士正式服裝的款型、色彩多樣，而男士正式服裝則較為統一，即便不同的正式服裝多數也是在細節之處有所差別，大致較為接近。這樣，才能展現出男性的沉穩、冷靜。所以，當我們出席正式場合時，要盡可能按照正式服裝原則去穿著，盡可能避免自作主張地改變和調整。

5. 寧高無低

正式服裝之所以被稱為「正」，就在於它的歷史感、標準化和正式感。正式服裝從誕生發展至今，已經有了不少國際知名品牌，如 Kiton、Brioni、Larusmiani 等。它們多數誕生於歐洲，為皇家、貴族指定品牌，代表了歷史、文化和地位。所以在購買正式服裝時，我們必須遵循「寧高毋低」的原則，盡可能選擇那些大品牌正式服裝。正式服裝與名錶相似，越是高階品牌，越是展現一個人的品味和社會地位。

西裝的特點及配置策略

西裝，是正式服裝的代表，它是國際通用的慣例，是國際的語言，是國際溝通的橋梁，是友好和平的象徵。毫不誇張地說，西裝，是權高位重的正式服裝首選。無論是政界名人的會面，還是明星的大型活動，再到各種商業活動，無論世界哪個角落，正式服裝都是第一選擇。

如果你想展現出權威感、影響力、嚴謹感、莊重感、信賴感，當你的職業範圍在銀行、金融、保險、法律、經濟等等，那麼，西裝無疑是首選。尤其但我們的活動是重要會議，國際交流、政治活動、約見重要的人、公開的社會活動和儀式慶典，如新聞發布會、簽約等等，那麼一身合身的西裝，會讓你立刻成為全場焦點，展現無盡魅力！

當然，西裝也有很多分類和特點，我們必須根據場合需求、個人身材特質等入手，選擇不同風格的西裝。以下這幾類西裝非常具有代表性：

1. 英國西裝

英國西裝具有這些特點：

少量墊肩；

版型合身、顯示身體曲線；

經典的英國西裝背後有較長的雙開岔；

表達某種社會級別，隱藏個性。

適合的人群：V 體型，不適合 O 體型。

2. 義大利西裝

義大利西裝具有這些特點：

外輪廓簡潔有力；

有厚實的墊肩；

領部駁頭較寬；

腋下點較高；

從前胸到臀部都非常合身。

適合的人群：V 體型，尤其是腿長的男士，不適合 O 體型。

3. 美國西裝

美國西裝具有這些特點：

舒適自然，外輪輪廓不硬朗；

墊肩很小或沒有，自然肩型；

前胸無省，看上去寬鬆；

背後單開岔，便於活動；

褲腰較高，喜歡吊帶，不喜歡腰帶禁錮腰部。

適合的人群：適合 O 體型的男士。

4. 運動西裝

運動西裝具有這些特點：

明顯的 V 型外輪廓

肩部較寬

腰臀逐漸收身

適合的人群：非常明顯的 V 體型男士，如游泳、舉重運動員。

多數情況下，這四種西裝即可滿足我們對絕大場合的需求。當然，對於有些亞洲國家，傳統的民族服飾可以在正式場合穿著。根據不同場合做出調整，這是穿著西裝的配置策略。

襯衫如何配置

穿著西裝，必須配備襯衫。好的襯衫，會大為提升西裝的格調，突顯個人魅力。而好的襯衫，也具備這四個特點：

領撐；

肩袖處對縫；

每公分不少於 8 針的細緻縫線；

珍珠母貝殼扣。

在選購襯衫時，我們必須按照這四個特點進行挑選，這樣才能購買到真正有品味、有氣質的襯衫。

而在穿著襯衫時，我們也應該注意這四個原則：

1. 襯衫袖長不要太短。
2. 正確的襯衫領圍尺寸應該是繫好領帶後，領尖不會離開胸部，即使轉頭也應該如此。
3. 當穿上適合的襯衫與西裝時，最為重要的是襯衫領、領帶、西裝三者之間平滑服貼的關係。
4. 領帶必須在兩個領尖中間。

還有一個小細節，同樣需要引起男士的注意。不少男士都表示，在穿襯衫時會感到有些不舒服，因此總是下意識地動脖子，這種姿態非常不雅，很容易引起他人反感。造成不舒服的原因，多數都出在領扣位置，因為太緊繃，導致了呼吸急促。所以，在穿著襯衫時，領扣的大小能以一個手指作為適宜的寬度，這樣就會避免襯衫帶來的不適感。

領帶如何選擇

領帶，同樣是西裝的標準配備。但是，很多男性對於領帶總是有所忽視，不是材質不佳，就是色彩不佳，導致整個西裝看起來非常不舒服。所以，在選購領帶時，我們應當注意以下這幾個細節，它們是優質領帶的標準：

有領帶圈

手工捲邊製作

真絲襯裡

兩邊完全對稱

手工縫邊

便於伸縮

斜裁

真絲布料

優質的領帶，布料通常都是真絲、亞麻、羊毛。所以在選購領帶時，切記不可貪圖價格的便宜，導致整個西裝的視覺效果大打折扣，更讓自己的形象打折。

正式服裝鞋如何選擇

為西裝選擇一款精準的皮鞋，會讓整個人的形象更為挺拔。正式服裝鞋的分類有很多種，如牛津鞋／巴莫爾鞋（Oxford/Balmoral shoes）、德比鞋（Derby）等，都是非常經典的正式服裝鞋。

牛津鞋是目前最為主流的正式服裝鞋，它的特點在於三塊光滑的皮革拼接在一起，形成閉合式鞋襟。同時，牛津鞋主要為低跟、低筒露腳踝，鞋面打三個以上的孔眼，再以繫帶綁繩固定，不僅為皮鞋帶來裝飾性的變化，也顯出低調古典的雅緻風味。牛津鞋一般是便裝和正式服裝兩用鞋，幾乎可以應對一切場合，所以對於男性來說，一款精緻的牛津鞋是必不可少的。

而對於更為休閒的商業活動或商務旅行，德比鞋就顯得更加適宜。德比鞋與牛津鞋最大的不同點在於——德比鞋露出鞋舌，鞋舌頭與整個鞋面採用一張皮革。一般來說，腳背較為寬大的男士，穿著德比鞋會更為舒適和美觀。

德比鞋同樣也適用於正式服裝場合，並且搭配更具靈活性。因此，德比鞋也是現代商務男士必備的重要鞋款之一。

除了牛津鞋與德比鞋，其他正式服裝鞋還有很多，但多數都以牛津鞋和德比鞋為基礎。所以，在魅力男士的衣櫥中，牛津鞋與德比鞋是必不可少的！

日常商務服裝

正式服裝所適合的場合較為高階、正式和嚴肅，適合企業家、政府人員等；而對於大部分從事祕書、助理、辦公人員、業務、教師、編輯、翻譯等職業的男性來說，日常商務穿著就顯得非常有必要。倘若我們的工作環境絕大多數在辦公室，出席的活動主要為公司內部會議等，那麼較為輕鬆、活潑一些的日常商務套裝，就顯得非常莊重、成熟，同時不失親和與知性。

日常商務衣著的配件搭配

雖然與正式服裝套裝相比，日常商務套裝較為活潑、輕鬆，但是它同樣有著一套標準的特點。日常商務裝最實用的場合形象，主要由這些細節組成：

1. 西裝套裝

對於日常商務套裝，我們通常需要準備兩套，單排、雙排各一套，以滿足不同場合的需求。同時，休閒系上衣需要搭配不同色的褲子。

從整體上來說，日常商務套裝，建議選擇中等深色的顏色，可以有適當花紋圖案，而肌理則為不明顯的布料，尤其以天然纖維，或人造纖維混紡最為適宜。

2. 襯衫

因為日常商務套裝的西裝帶有一定花紋和紋路，所以建議襯衫選擇柔和的單色。即便選擇條紋的襯衫，盡可能挑選不是太粗的條紋，如白底條紋襯衫。同時，襯衫的布料要盡可能高級。尤其對於領扣、袖口等，必須嚴格注意。標準的襯衫領、領尖繫扣的襯衫、標準襯衫繫扣袖口，這是好襯衫的特點。

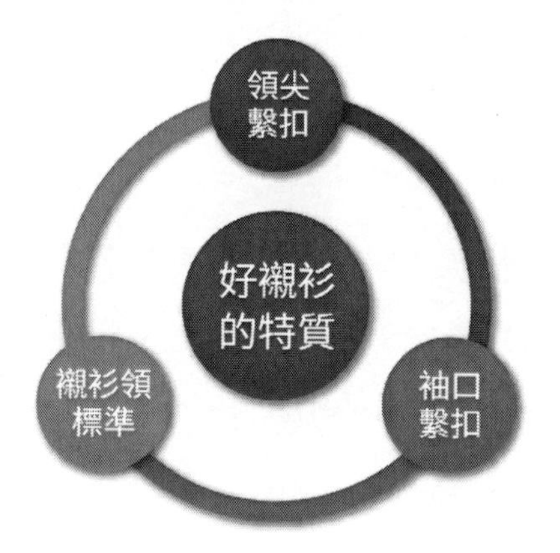

3. 領帶

日常商務的服裝，所佩戴的領帶可以更為活躍，如不同粗細的條紋。布料盡量選擇薄軟，以展現出自身的瀟灑和雷厲風行。佩斯利花紋、勳章圖案、抽象圖案、幾何圖案等，都是非常適合日常商務套裝的領帶類型。

4. 皮鞋

對於日常商務皮鞋，選擇顏色多為黑色或棕色。不要輕易選擇那些多彩的休閒皮鞋，那會顯得過於不正式，帶有浮誇之感。選擇怎樣的皮鞋，應當與褲子進行搭配，我們不妨遵循這樣一個原則：錐形西裝褲，配備應與橢圓形尖頭皮鞋；直筒褲，搭配與鞋面有 W 型接縫的皮鞋，這樣整體看起來才統一。鞋與褲子和諧的關鍵是鞋型、褲型、褲口的幾何造型相近，做到視覺不突兀。

還有一個細節，必須引起男士注意：皮鞋代表著一個人的形象，倘若皮鞋舊了，出現了破損，那麼應當立即更換新鞋，而不是等到徹底穿破才換。細節之處，更能展現男人對品質生活的追求與品味。

5. 鞋襪搭配

日常商務襪與正式服裝襪有一點接近，深色套裝絕不能配備淺色襪子。同時，商務襪的長度，通常保證在坐下、翹腿、下蹲時，不會露出腿上的肉。所以，那種款式較短的休閒襪，並不適宜與日常商務套裝進行搭配。

購買日常商務襪時，我們不妨多購買幾雙，主要與褲子、鞋子的顏色進行組合搭配。首先，商務襪一定為單色；其次，並不透明。與此同時，它還要和皮鞋、褲子的顏色有所區別，最好可以介於兩者之間，例如比西裝褲顏色深，比皮鞋顏色淺，這樣才能顯得大方。

6. 皮帶

皮帶看似不起眼，但卻是日常商務裝中的「點睛之物」。一款適宜的皮帶，會立刻讓男士的身材挺拔，同時展現出自身的高品味。

一般來說，對於皮帶的選擇，不宜採用與西裝反差較大的顏色。所以在多數場合，我們所看到的商務人士，都會佩戴黑色、藏藍色、棕色等深色皮帶。不可否認，某些商務人士會選擇如深酒紅色這樣的皮帶，但這非常講究搭配技巧，如果無法靈活應用，那麼還是盡量選擇深色系皮帶為主。

與此同時，皮帶扣也會展現一個人的品味。皮帶扣多數都是品牌 LOGO，所以，盡可能選擇大品牌，會展現我們的審美和品牌熟悉度。選擇金屬色系的皮帶扣，會更加突顯男性的挺拔身姿。

7. 公事包

公事包，即為放置公文、合約等物品的商務包。公事包外形簡約大氣，多數內部還有各種功能袋，如檔案袋、插筆結構袋。真皮公事包、時尚公事包、電腦公事包……公事包的分類有很多種，我們可以根據自身的職業特點進行選購。

公事包的選購與西裝相似，著重品質、細節以及設計感。尤其是選擇皮質公事包時，一定要選擇那些質地考究、做工精良的公事包。一般來說，選擇公事包之時，應當選擇那些趨向傳統的方正型辦公包，但尺寸不宜太大，否則不僅攜帶不便，形象也過於拖沓。

與西裝、西裝褲相比，公事包的「社會地位」屬性更為明顯，因為多數公事包都有明顯的LOGO標識，很輕易被人所識別。因此，在選購公事包時，品牌同樣是不可或缺的元素。如BOTTEGA VENETA、Dunhill、VENQUE、MIU MIU、Burberry、ARMANI、BOSS、Gucci……這些都是國際知名品牌。當我們的公事包為知名品牌之時，那麼自身所展現的身分和價值，才會讓人折服。

日常商務裝如何更時尚

日常商務裝適用的場合非常多，不僅包括了辦公室、內部會議等等，有時候某些組織舉辦的聚會派對等等，也可以身著日常商務裝參與其中。這個時候，我們不妨對服裝進行適當調整，使其更加符合場景定位，凸出時尚的特點。做到這一點很簡單：任何流行的有變化和有創意的服裝款式均可，只要在布料、色彩、款式、圖案上稍作文章，那麼就會立刻展現出不一樣的氣質，塑造個人風格。

我曾經就見過這樣一名企業家：

有一年，我出席一個聚會活動。這場活動，不僅彙集了當地知名企業家，還有不少明星助陣，可謂星光閃耀的時尚派對。絕大多數的企業家，都是身著正式服裝出席，較為拘謹。突然，一個身影走到了人群中間，頓時讓人眼前一亮。這名來賓，是一家網際網路公司的總經理，年紀不過三十歲。雖然他同樣是一身西裝出席，但西裝卻採用了較為大膽的暗黃色設計，胸口處還別了一個綠色的勳章，一下子吸引了眾多人的目光。整場活動，他舉止優雅，一直吸引著所有人，幾乎成為了這場活動最閃耀的明星。

根據活動場合的性質，對服裝進行適當調整，那麼就會立刻展現出不一樣的氣質。例如中式服裝，中山裝和變形的中式立領唐裝，都能夠在保持自身優雅氣質的同時，表現出新鮮的活力，即大方又時尚，頓時吸引眼球。

讓日常商務服裝突顯時尚氣質，重點在於對細節的打磨。例如，換掉過去那種寬長版的領帶，換一條窄邊領帶，會立刻顯得年輕很多；再如，換一件條紋西裝，會立刻讓自己的身材更為挺拔。從細節入手，根據場合做出調整，那麼商務套裝同樣可以展現時尚！

商務休閒服裝

對於工作更為輕鬆、活潑的男性來說，休閒商務套裝，是日常工作與生活中最常穿的服裝。例如，我們所從事的行業主要為服務業、旅遊業和體育行業等，職業為教師、導遊、超市負責人、健身教練、後勤部工作人員等，休閒商務套裝就會更加貼合我們的身分。休閒輕鬆的場合、獨家、娛樂、公園、餐飲、會友、學習……在參與這些活動時，身著休閒商務套裝，會立刻展現出自己的親切感、自然感、舒適感、可愛感、樸素感、年輕感，彰顯活力姿態。

休閒商務裝的穿著要點

休閒商務套裝的穿著要點在於：短袖襯衫、休閒裝、棉麻等天然織物的服裝。所以，休閒商務套裝的西裝、襯衫等，樣式和圖案也更為大膽，展現活潑的元素。

1. 西裝

休閒商務裝的西裝，主要具備以下這幾個特點：

斜紋棉布褲；

大花圖案；

容許更多顏色，淺色或亮色；

紋理非常明顯的布料：牛仔布、燈芯絨等。

布料成分主要為：純棉、亞麻、真絲、人造纖維

花紋包括粗條紋、粗的人字形花紋、犬牙花紋等。

對於休閒西裝的褲子來說，斜紋、人字紋比較正規，可以進行嘗試；不過，對於夏威夷風和其他不規則的圖案應當慎重使用，因為會讓人留下太過隨意的印象。同時，褲子的長度也應有所注意：延伸到鞋子的頂部或略長。如果沒有蓋到鞋子，會給人不好的視覺效果；相反，如果褲子在腳踝處堆集，也會讓人覺得過於拖沓。

在炎熱的夏季，我們不妨購買一套棉質或者亞麻布的米黃色或者淺褐色的套裝。這樣的布料，既可以有效發揮散熱的作用，同時較為舒緩的色彩也會更加討喜。

我們看到很多明星參加時尚派對時的西裝套裝，就是典型的休閒商務裝。輕鬆、自在、大膽，是休閒商務裝的凸出特點。倘若參加派對、聚會等活動時，這種服裝就顯得非常恰當。

2. 襯衫

休閒商務套裝的襯衫，同樣可以採用較為大膽的風格。通常來說，我們不妨穿著中等深度單一色彩或粗條紋的襯

衫，同時搭配各種圖案和方形花紋，呈現肌理明顯的特點，領尖釘有鈕扣的領子或有帶子裝飾的領子。

當然，靈活一點，穿著水手領、高領的毛衣，也能夠展現休閒的特質。此外，polo 衫和高爾夫球衫也是不錯的選擇。

3. 領帶

對於休閒商務套裝的領帶，可以採用大膽的圖案，如撲克牌中的梅花，或是方格與對比鮮明的領帶圖案。選擇針織／羊毛布料，進行各種鮮亮色彩的混合，效果會更為搶眼。

4. 鞋子

休閒商務套裝搭配的鞋子，可以以黑色、棕色、灰色為主，牛津鞋、德比鞋或無帶便鞋均可。需要注意的是：千萬不要忘記禮服短襪，否則就會不倫不類。

特殊場合的單品配置

在出席某些特殊場合時，我們不妨配備一些單品，更加突顯自身氣質。這些單品，包括了手提包等等，從細節之處入手，會產生畫龍點睛的作用。

1. 黑色手提包

如果出席活動的來賓多數為商務人士，那麼不妨攜帶一款長方形的黑色皮質手提包，因為黑色是最常見的百搭色。如果想要適當活躍一點，那麼不妨選擇海軍藍等較為深沉的顏色。

2. 名片夾

名片夾也是很多商務場合都必須攜帶的必要單品。名片夾的形式有很多，但為了展現自身的成熟穩重，不妨使用較深顏色，如黑色，棕色等；倘若活動現場帶有很強的時尚色彩，那麼選擇深紅色也不失為一個好選擇。

3. 長款外套

冬日出席活動時，因為天氣較為寒冷的緣故，所以在套裝外有時候我們需要身著長款外套。長款外套的顏色，應當與西裝的顏色相近，同時不要穿帶帽子的外套，否則就會顯得過於隨意。

4. 花格襯衫、禮帽

有時候，我們會身著休閒商務服裝，參加好朋友的婚禮。這時候，身著白色襯衫就顯得有些過於刻板。此時，我們不妨選擇一件方格印花的襯衫或者領帶，既得體又展現出自身輕鬆的特點，看起來瀟灑自然。倘若我們足夠自信，那麼再配備一頂禮帽，一定會讓自己的形象更加鮮活動人。

5. 樂福鞋

對於休閒商務來說，樂福鞋顯得更為適合。相比較牛津鞋與德比鞋，樂福鞋的鞋面很高而且呈流線型，看起來更具休閒特質，很容易與正式套裝區分開來。這樣，我們就可以將工作與生活區分開來。

身著休閒商務服裝時，這幾個禁忌也一定要注意：

運動鞋、涼鞋、拖鞋或其他露趾鞋；

運動衫、運動套頭衫、運動夾克、運動襪；

短褲和七分褲；

牛仔褲；

過於緊身的褲子。

雖然我們在某些影視劇中，看到部分男性會這樣穿著，但事實上，這些穿著都不屬於商務休閒，所以千萬不可嘗試，以免被人貼上「不懂禮儀、做人太過隨便」的標籤。

搭配的技巧：選擇顏色、圖案及材質

不同的場合、不同的工作，我們需要進行不同的服裝搭配，展現自身魅力。那麼，這些不同的套裝，是否有較為統一的原則，幫助我們在顏色、圖案及材質上進行選擇。

衣櫥搭配的三原則

儘管正式服裝、日常商務、休閒商務功能性有所不同，但是它們同樣有共同的標準，需要我們來遵循。圍繞著「衣櫥搭配三原則」，我們才能從服裝上塑造不同的自己：

衣櫥搭配三原則

1. 色彩

無論哪種服裝，色彩都是統一的，尤其對於襯衫。而對於褲子來說，根據場合的不同，選擇淡色、棕色、灰色、卡其色皆可。越是正式的場合，色彩應當越是典雅、樸素為主。

無論怎樣的場合，都應避免紅色、黃色、紫色這樣過於鮮豔的顏色。尤其是迷彩褲，更是不能出現於正式場合。同樣，白色的褲子也不適合，一方面它容易與襯衫的顏色相撞，另一方面對於商業活動來說，白色也顯得不太正式。

2. 布料

無論西裝、襯衫還是褲子，布料越正式越好。首選的當然是棉，它最符合大眾審美；羊毛也是極佳的選擇，可以提升服裝質感。而絲綢、人造絲、亞麻等，則不太適合正式場合。

當然，布料的選擇並非絕對，我們可以根據活動的特點進行調整。例如當我們在東南亞出席活動時，那麼所穿的服裝應當遵循當地民族習慣，做出精準的調整。

3. 整潔

一個男性整潔與否，直接關乎著自身的形象和品味。服裝也是如此，我們可以身著輕便，但不能隨便。尤其在出席正式場合之前，一定要提前做好準備，讓自己整潔大方。我們不妨在活動開始前一天，就將衣服進行熨燙，讓自己無論身著怎樣的服飾出現在活動中，都是乾淨俐落、瀟灑有型。

西裝的搭配

西裝，這是男士茁壯的重點。沒有合身、得體的西裝，會讓自己的形象大打折扣，甚至在正式場合出現不必要的麻煩。

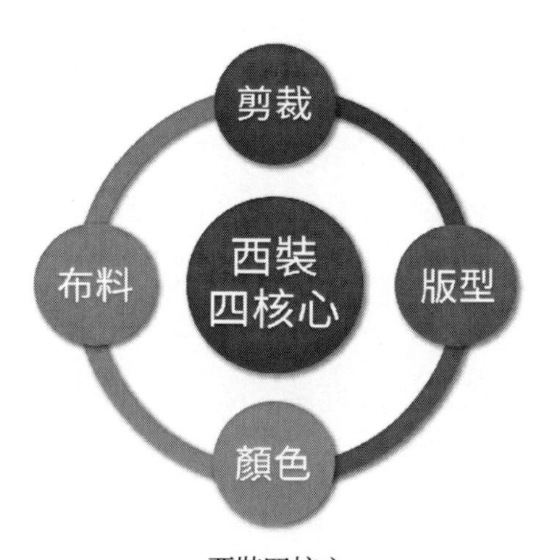

西裝四核心

選購西裝時，我們首先要注意的就是剪裁。剪裁，直接關係著西裝是否與自己合身。如果與自己的身材不相符，那麼即便色彩、款型再優秀，也不適合自己。所以，在購買西裝之前，一定要做好試穿。最好可以做伸展動作，檢查上衣長和胸圍是否能貼合；同時，應當透過鏡子觀察背部、袖子部分是否有不自然的褶皺。

隨後，我們就要觀察版型。通常來說，為了滿足不同場合的需求，我們應當購買多款上衣。而根據每個人的胖瘦不同，我們對版型也要有所區別：身材較胖的男士，最適合單排扣上裝，尺寸要合身，可以稍小些。顏色上以黑色、藏青色為主，不要選太過醒目的色彩，否則容易更加顯得身材臃腫；身材略瘦的男士，可以選擇雙排扣西裝，因為這類衣服鈕扣的位置較低，穿上後可以顯得不那麼單薄。同時，細圖紋適宜身材較胖的男士，不適宜較瘦的男士。

接下來，就要對布料進行考究。好的西裝，布料都會以純毛為主。當然，夏季因為天氣炎熱的原因，所以不妨選擇混紡布料為主的西裝。

最後，則是對顏色的選擇。正式服裝西裝，應當選擇以黑色、深藍、深灰、褐灰色為主的顏色，以展現男士應有的儒雅、沉穩、成熟特質。

襯衫的搭配

對於多數男士來說，白色、淡藍色的單色襯衫，可以說是首選。尤其是白襯衫，幾乎是所有職場男性都必須配備的，無論我們是企業中普通一員，還是身為企業主管。白色襯衫，可謂「百搭顏色」，幾乎與所有款式和顏色的西裝都能做到相得益彰。

在白色襯衫的基礎之上，我們還可以選購一些條紋圖案的襯衫。因為，單色細條紋襯衫可以展現出幹練和精緻，並且不像白色襯衫那般刻板，對於一些氛圍較為輕鬆的正式場合，能夠形成很好的襯托作用。

格子襯衫與條紋襯衫類似，很適合商務休閒活動。需要注意的是：在正式場合穿著格子襯衫，格子應當較為細小。而對於深色或花紋襯衫，通常並不適合正式活動，除非當地有這樣的風俗。例如部分海島國家，花紋襯衫是當地的正式服裝，那麼穿著也能發揮很好的作用。

襯衫多數屬於貼身衣物，所以在布料選擇時，應當注重舒適、柔軟、吸汗、透氣效能，尤其是在炎熱的夏天，倘若布料不佳，很容易出現褶皺、變形、變色，大大影響自身氣質。所以，對於襯衫來說，棉無疑為最佳選擇；同時，亞麻也是一個很好的材質。亞麻具有天然的透氣性、吸溼性和清爽性，常溫下能使人體溫度下降，被稱為「自由呼吸的紡織品」。

不過，亞麻材質也有著不足：易皺、易變形。所以，在正式場合我們不妨穿著混紡布料的襯衫。混紡布料含有棉和化纖材質，既柔軟吸汗，又不容易變形。目前，市面上主流的襯衫，都是以混紡為主要材質。

對於襯衫的版型，領子是非常重要的細節。一般來說，我們在選購襯衫時，領子不可過緊或過鬆，以可以伸入一個手指為宜。

襯衫的領子，主要分為標準領、溫莎領、鈕扣領和長尖領四種。它們的特點分別是：

標準領左右領尖的夾角為 75 度至 90 度；

溫莎領左右領子的敞開夾角比標準領大，一般在 120 度至 160 度之間；

鈕扣領領尖以鈕扣固定於衣身，原是運動襯衫；

長尖領，與標準領的襯衫相比，領尖較長。

通常來說，標準領、溫莎領襯衫多數適用於正式場合，展現嚴肅的特質；而鈕扣領和長尖領則比較適合休閒場合，突顯年輕的特質。根據場合性質，選擇不同類型的襯衫，這樣才能展現出自身優雅的特質。

配飾的搭配

領帶、袖扣、皮帶，也是男士穿著的重要配飾。從細節入手，做到精益求精，這是魅力男士的不會忽略的穿衣風格。

1. 領帶

領帶對於男士來說是不可或缺的裝飾品。倘若領帶搭配不好，那麼西裝和襯衫再出色，也很容易打破整體美觀和和諧。領帶儘管分類頗多，如寬窄、長短，但整體上來說變化不大，因此多數選擇，應當以穩重、嚴謹為主。在選擇圖案時，要根據場合的不同，確認點狀、條狀、花蕊、凹凸肌理效果。例如正式場合，佩戴單色領帶為宜；而在休閒場合，不妨選幾何圖形的領帶。

領帶顏色的確認，以西裝外套、襯衫為基準。一般來說，領帶應當與西裝的顏色保持接近，但需要比西裝更為鮮明，尤其是藉助深淺、明暗度的不同，達到整體效果協調。同時，領帶應當和襯衫的顏色形成對比，尋求搭配反差。領帶上的圖案，應當比襯衫圖案更為顯眼。

2. 皮帶

皮帶位於身體黃金比例分割線，從視覺上將身體的上部和下部進行劃分。很多時候，人們的注意實現，第一時間會落在皮帶之上。

男士皮帶，顏色以黑色、褐色和深褐色為主，皮帶扣多數都為板扣和自動扣。其他類型的皮帶扣，並不適宜商務場合。一般來說，黑色皮帶與銀白色板扣最適合搭配。同時，皮帶具有身分象徵的特點，所以選購皮帶時，應當盡可能選擇大品牌皮帶。

每一款的皮帶也有不同粗細，具體選擇哪種款式，應當和自己的身材比例相符。過寬、皮帶扣過大，都會導致皮帶太過凸出，反而顯得身材走形。所以，某些男性心中認為的「越寬越好，越大越好」的觀點，應當徹底拋棄。

3. 袖扣

袖扣雖小，卻被稱作為「男人的珠寶」。一款精緻的袖扣，會在舉手投足之間彰顯男性地位和品味。因此，在選擇袖扣時，倘若我們需要經常接見各種商務，那麼黃金、鉑金、鑽石、水晶、寶石等就是首選材質，能夠突顯自身霸氣。而如果我們的工作類型主要側重於文化類，那麼玉石、陶瓷和翡翠等材質製成的袖扣，很容易展現自身的儒雅和文化特質。

章節 5

言行舉止：風度展現於舉手投足間

不同的場合，擁有不同的場景禮儀要求。例如正式場合與來賓會面，如何親切地與對方交流，如何正確握手、交換名片，都需要嚴格按照規則進行；同時身在商務場合，我們還要注意自己的言談舉止，不說禁忌的語言，走路、坐下都符合規範。唯有在不同場合展現出風度，舉手投足之間才能散發魅力。

社交禮儀

身為男士，必然會出席各式各樣的場合。有些場合的來賓，多數為我們的舊相識、老朋友，可以很快進入交流階段；但某些場合，來賓多數為初次見面的陌生人，這個時候，我們就需要使用合理的社交技巧，與陌生來賓一見如故。

想要第一時間給對方留下深刻的印象，散發自身魅力，那麼男性不僅要懂得規範的社交禮儀，還要從語言、聲音上下足功夫，言談舉止盡顯紳士之風。

親切交流

要想和陌生來賓做好溝通，只有主動、熱情地與他們聊天，努力探尋與他們交談的共同點。贏得對方的好感。所以，社交禮儀的關鍵詞就是：主動、熱情、善於觀察。

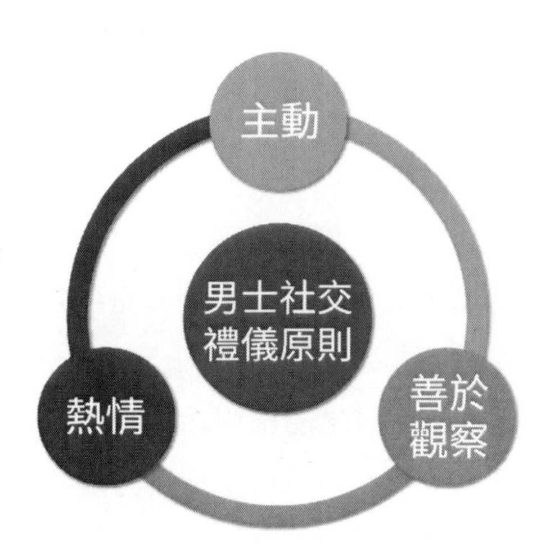

1. 主動開口說話

主動開口說話，是社交的基本原則。尤其在重要的場合，倘若我們只敢躲在其他人的身後，不僅無法散發自身魅力，反而還會帶給活動主辦方尷尬——邀請來賓前來，就是為了交流。所以，我們應當主動與陌生來賓進行交流，讓對方感受到我們的熱情和誠意。

2. 心思細密、善於觀察

每個人的習慣、心理狀態、愛好、精神追求等，都有所不同。只要我們能夠善於觀察，那麼就能從他的表情、服飾、談吐、舉止中，發現他與自己的共同點。切中共同點，自己就會讓他人留下非常好的印象，願意與你交流。

有一年，我參加某宴會。我發現一名來賓習慣伴隨著音樂，手指在輕輕地打節奏，於是在交流時我問他：「您好，請問您是否從事音樂工作？」

對方非常驚訝，告訴我自己正是一名大學的音樂教授。藉助這個共同話題，當晚我們的交流非常順暢，彼此交流電話，最終成為了長期的朋友。

這就是透過觀察，做出的積極禮儀交流。倘若我無法做出這樣的精準觀察，那麼很有可能與對方交流時碰軟釘子。所以，越是重要的場合，越是要留心細節，盲目地與他人攀談，很容易造成無話可講，反而讓對方感到了厭煩。

3. 深入挖掘共同點

挖掘共同的話題不難，但這只是初步階段。如果想要在對方面前展現出自身魅力，就不斷深入挖掘內容，將話題的角度向對方傾斜。只有這樣，對方才會被你身上的特質所吸引，對你留下了深刻的印象。

美國前總統羅斯福（Franklin Roosevelt）之所以被譽為美國歷史上最成功的總統之一，就在於禮儀上他做到了盡善盡美。羅斯福有一個特點，無論宴會上面對的是牧童還是騎士，是政客還是外交家，都會侃侃而談，很少出現冷場。這是因為：每次接見訪客之前，都要進行一番調查研究，準備好客人感興趣、喜歡聽的話題。羅斯福曾經說過：深入對方心底的最佳途徑，就是談論對方知道得最多、最感興趣的事物。

所以，儘管羅斯福儘管因為小兒麻痺導致身體出現疾患，但是沒有人會否定羅斯福的魅力。只要我們能夠在合適的場合做出恰當的禮儀，那麼你就是全場最受矚目的焦點！

除了主動、熱情之外，我們還要了解一些場景禮儀用語。對於華人來說，有一套約定俗成的社交禮儀用語，我們必須牢記於心，這樣才能得體、大方地與對方交流。

初次見面：久仰；

請人幫忙：勞駕；

請人指點：賜教；

讚人見解：高見；

等候客人：恭候；

託人辦事：拜託；

請人勿送：留步；

贈送作品：斧正；

好久不見：久違；

中途先走：失陪；

與人分別：告辭；

求人諒解：包涵；

……

如這樣的用語還有很多，我們平時必須多累積，才能正確使用，展現出自身的紳士風度。

主動打招呼的細節

主動打招呼看似簡單，其實深藏學問。不少男士在社交場合與他人打招呼，總是出現各式各樣的問題，就在於對於細節的掌握不足。

主動打招呼，需要遵循這兩個原則：

1. 不卑不亢，彬彬有禮

部分男士有這樣一種認知：主動打招呼時，必須把自己的姿態放低。尤其對於一些初次參加高階活動的男性來說，刻意將自己的身分下降，甚至看起來有些卑躬屈膝。這樣做儘管展現出了自己對於他人的尊重，但卻並不會讓人留下好的印象。

正確的禮儀交流，應當是不卑不亢、彬彬有禮。與對方握手、交談，自信地說出自己的名字、職務，不惡言相向也不刻意吹捧，這樣反而會更加展現出自身的自信，留下熱情、大方的印象。

2. 主動與那些受冷落的人打招呼

無論怎樣的宴會，都會有人處於被冷落的角落。他們多數性格內向，不習慣前呼後擁，所以看起來似乎有些落寞。對於這樣的人，我們更應主動打招呼，因為一個問候對他非常珍貴，會讓他留下深刻的印象。

同時，主動與受冷落的人打招呼，也大大提升自身形象，不至於被人認作是「勢利眼」。目光僅僅鎖定顯赫的成功人士，會讓人感到你正在尋求「拍馬屁」；反之，即便對方是某重要嘉賓的助理，但如果可以與其進行交流，嘉賓也會對你產生不一樣的印象。因為，對助理都可以做到彬彬有禮，證明這是一個懂得禮儀的成熟男士！

聲音

聲音，同樣會讓人留下非常深刻的印象。悅耳的聲音，會讓人主動願意聆聽；反之，對方交流的欲望大大降低。一旦對方不願意聽到我們的聲音，又談何塑造自身魅力形象？

對於男士來說，一個重要的原則就是：不要過分使用鼻音說話。

所謂鼻音，就是指聲音的傳播，主要靠鼻子發出。倘若我們捏住鼻子說話，就能體會到鼻音的缺點 —— 在多數人的印象中，這是一個脾氣很壞、性格很固執的壞老頭才習慣發出來的聲音。它類似感冒，聽起來毫無生氣，整個人都表現出了消極的態度。

因此，在正式場合中，使用鼻音說話，是整場活動的大忌。最恰當的發聲方式，就是字正腔圓的方式，這會帶給人沉穩、成熟、讓人信服的印象。

那麼，我們該如何調整，讓自己的聲音給他人帶來良好的印象？這需要從日常訓練入手：

1. 呼吸練習

聲音離不開呼吸，響亮、動聽的聲音與教科書的呼吸訓練是分不開的。男士要善於掌握自己的發音器官，自覺地控制氣息。一般來講，採用胸式呼吸較好，這種呼吸透過橫膈膜的收縮和放鬆來進行，氣量大，能為發音提供充足的動力。平日在說話中就可以進行這樣的呼吸練習，也可以特地抽出時間來進行呼吸練習，正確的呼吸練習為準確清晰的吐字發音打下良好的基礎。

2. 發音練習

清楚的發音是由嘴唇、牙齒、舌頭三方一起控制發出來的，我們的呼吸、喉嚨和下顎，都在發音上發揮著重要的作用。在發「呢」、「嗎」等一些輕音時，嘴唇、牙齒、舌頭會互相碰撞。

聲音的練習就是從清楚發音開始，如果連這一點都做不到，把每一個音節、每一個字、每一個詞說清楚，尤其是「ㄓ、ㄔ、ㄕ、ㄗ、ㄘ、ㄙ」這些容易發不清楚的聲音。先說清楚，再試試快速說清楚；先說清楚一個句子，再試試說清楚一篇演說。

經常做這樣的練習，練到喉嚨放鬆，下顎骨靈活，無論一口氣說多少話也不會「口吃」時，那麼你也就有聲音的基本功了。不準確的發音會帶來歧義，所以，聲音的練習首先從準確清晰的發音開始。

3. 音量練習

音量也就是聲音的高或低，音量決定了說話的語氣和表達出不同的情感。高音具有高亢、明亮的特點，多用來表示驚疑、歡樂、讚嘆等情感；中音比較豐富充實，多用來表示平和舒緩的感情；低音則比較低沉、寬厚，多用來表示沉鬱、壓抑悲哀之情。比如說「不」這個詞，如果用較低的音量說出來，他人不可能感受到你傳達的意思；如果用大喊的聲音說出來，聽眾一定能強烈地感受到你反對或者否定的程度。

同時，音量大小變化也要恰當、適度，不能大到聲嘶力竭，也不能小得無法聽清。我們要學會準確地把握高音、中音、低音的運用規律，以便恰如其分地表達自己的思想感情。

4. 間隔和節奏練習

間隔包括字與字之間的間隔和句與句之間的間隔，間隔的不同會形成語速的快慢。讀一個句子，每次讀的時候，用不同的間隔。會發現間隔不同，語速不同，語言的節奏也不同，表現出來的情感充沛程度也不同。

5. 重音練習

重音的練習很簡單，同樣一句話，你把重音落在哪個字上，這句話的意義就不一樣。例如「我要去商店」這句話，可以試著這樣讀：「我」要去商店、我「要去」商店、我要去「商店」，意思完全不一樣。因此，你想表達什麼意思，就要把重音落到適合的字詞上，對方才能在瞬間準確地領悟到你所表達的含義。

6. 字正腔圓

完美的聲音是什麼？字正腔圓。吐字發音完全符合國語的發音標準。戲曲藝術有「吐字歸音」訓練，其目的就是要使字音純正、清晰、響亮、圓潤，富有表現力。要做到字正腔圓，發音時要咬準字頭（即讀準聲母），吐清字腹（即讀清韻頭、韻腹）和收準字尾（即讀準韻尾）。「吐字」時，發音力量集中於「字頭」上，歸音時要讀準每個音節的韻尾，發音「到位」，才有可能做到字正腔圓。

經常進行上面這些基礎練習，極具感染力的聲音已經初具基礎。日常生活中，我們可以選擇一些繞口令和有一定難度的語言片段，從這幾方面不斷訓練自己，力求做到吐字準確清晰、音量和間隔都恰到好處，那麼，最終實現字正腔圓的優美聲音就非常有希望了。

通常來說，男士最性感的聲音，都處於中低聲，所以對於中低聲的訓練最為關鍵。當然，這並不是說聲音越低越好。過低的聲音會讓人感到此人身心疲憊、委靡不振，缺乏熱情和力量。所以，必須注意自己的聲音要表達適度，只有這樣才能進行有效的交流，讓對方第一次與自己接觸時，立刻對我們留下深刻的印象。

正式場合，注意儀態

「站如松，坐如鐘」。這是我們都非常熟悉的姿態「六字箴言」。當男士身在正式場合之時，更應當注意自身的姿態。姿態，不僅展現了自身，挺拔的身姿是組成魅力的重要因素；同時，它更是自己對於禮儀規則的展現。沒有良好的坐姿、站姿，只能讓人感到你的舉止太過低下。

在正式場合，姿態的魅力，主要透過站姿、坐姿和走路展現。

正式場合的姿態

站立的姿態

站姿，展現著一個人的精神氣質。充滿氣質的男士，無論身在何種場合，都會注意自己的站姿，在保持挺拔的同時，還會注意自己的一些小行為，如不左顧右盼、不靠牆而站等等。以下這七種站姿，在男士的身上最為多見：

1. 彎腰曲背、略現佝僂狀

這種站姿，非常不利於男士塑造自身的形象。彎腰，會讓自己表現出過強的自我防衛意識和意志消沉的跡象，同時也表明在精神上處於劣勢，有惶惑不安或自我抑制的心情。事實上，很多男性都很容易出現這種站姿，因為它較為舒服。但是，我們必須了解：一旦總是用這種姿態面對他人，尤其在正式場合，那麼就表明自己的內心非常不高興，讓別人留下較差的印象。

2. 將雙手插入口袋而立

有些男士，在站立時習慣把雙手插入褲袋。這種姿態，表現出了內心的保守、內向，很容易讓他人留下過於小心謹慎、城府較深的印象，這是一種成熟的姿勢。倘若我們習慣這種站姿，就必須注意：若同時配合有彎腰弓背的姿勢，則是心情沮喪或苦惱的反映；但反之如果面帶微笑，會展現出自身的成熟。所以，如果習慣插入口袋，那麼不妨讓臉上的表情輕鬆起來。

3. 靠牆壁而站立

靠牆站立，這是所有正式場合的大忌。靠牆，意味著習慣依賴，大多代表的是失意。所以，要盡量避免在交際場合採取這種姿勢，這會讓人覺得你缺乏獨立性，給人一種沒有實力的印象。

4. 挺胸收腹、雙目平視

挺胸收腹、雙目平視，這是最具形象感的站姿。這種站姿，能夠最大限度地表現出內心的自信，給人「氣宇軒昂」、「心情樂觀愉快」的印象，具有駕馭一切的魅力，與別人相處的會很融洽，也比較受別人的歡迎。所以，在正式場合，採用這種站姿才是最為推崇的。

需要注意的是：挺胸收腹一定要自然。有些男性刻意追求挺拔的身姿，站立時不免過分用力，反而給人帶來了刻板的印象。想要讓挺胸收腹顯得自然，就必須在平常生活中就注意自身站姿，而不是臨時抱佛腳。

5. 背手站立

背手站立，同樣也是很多男性的習慣。當採取背手姿勢時，多數人會認為你是一個自信力很強的人，喜歡控制和把握局勢，氣場很強，同時願意接受別人的意見。

不過，背手站立的缺點也很明顯：很容易帶來不尊重他人的印象，太過傲慢和強勢。所以，對於高級商業活動，盡量少用為妙。這種站姿，通常僅適用於公司內部、面對群體主要為下屬時的活動。

6. 雙腿交叉而立

雙腿交叉而立和靠牆壁站立有些類似。採用這種站姿，往往需要靠在牆壁或倚在辦公桌上。這種站姿，一方面會讓自己顯得過分隨意。同時還展現出了持有保留態度或輕微拒絕的意思，也可能是感到拘束和缺乏信心的表示，會讓人在於我們交際時感到微微不適，因此在場正式場合中盡量少使用。

7. 兩手叉腰而立

雙手叉腰而立是具有自信心和精神上優勢的表現，對自己的所作所為充滿成功感，在任何領域都居於「一號位置」的姿勢。不過，這種姿勢通常視覺效果不佳，所以除非在演說時為了烘托氣氛適當使用，其他時刻並不適宜。倘若加上雙腳分開比肩寬，整個軀體顯得膨脹，甚至還會展現出潛在的侵略性。因此，這種站姿適當使用即可，不可頻繁採取。

從這七種最常見的站姿中可以看到，身處正式場合，想要讓他人留下較好的印象，展示自我魅力，那麼，抬頭、挺胸、收腹，讓脖子與背部保持一條直線，像一棵松樹般挺拔的站姿最為適宜。這種站姿，會讓自己從內到外展示出自信和風采，氣場非常強。因此，在日常生活中，我們就需要針對性地訓練這種站姿，展現自我魅力。

行走的姿態

站姿，展現了男士的靜態美；行走，則會展現男士的動態美。行走是最引人矚目的身體語言，尤其在正式場合，能否優雅地行走，直接展現了一個人的風度與活力。

我曾經遇到過這樣一個場合：

2016 年，我參加某個高峰論壇會議，與會者都是國內知名企業代表。就在大家等待會議正式開始時，忽然一個人從門口而入。這個人看起來似乎昨晚宿醉，走路時彎腰駝背、低頭無神、腳步拖沓、步履遲緩，非常顯眼。不少來賓不由低頭交流，詢問這是哪一家企業的代表人。

後來，當我們得知了這家企業的名字之後，都對這個品牌產生了一絲異樣的情感。畢竟，代表人走路是如此邋遢，那麼這個品牌的形象能否讓人信服？這家公司的其他同事顯然也發現了現場的異樣，很快將這名代表帶出了會場，又換了一名氣度不凡的代表前來，這才挽回了些許顏面。

這就是行走的姿態所帶來的印象。走路，不僅展現了自身的魅力高低，更展現了你所出的社會階層高低。一旦走路姿勢不佳，無精打采、沒有自信、缺乏風度，那麼它就會毫不留情地揭穿自己的老底。

所以，身處正式場合，必須注重走路時的禮儀。最佳的走路姿勢，是面朝前方，雙眼平視，抬頭挺胸，收腹夾臀，使全身看上去形成一條直線，這樣才能展現出一個男性的挺拔、自信與大氣！

因此，要想在氣場上勝人一籌，成為眾人的焦點，你就要掌握正確的走姿，並遵循以下要點，走出自己的氣勢。

具體到每個人，走路的特點又有所區別，它所展現的個人魅力也不盡相同：

1. 步伐矯健

步伐矯健的人，大多精力充沛、精明能幹、輕鬆靈活、勇於面對現實生活中的各種挑戰，適應能力特別強，尤其是凡事講求效率，從不拖泥帶水等，是典型的行動主義者，令人精神振奮。

2. 步伐雄壯

走路步伐雄壯、鏗鏘有力，雙手有規律地擺動。這種人意志力較強，對自己的信念非常專注，他們選定的目標一般不會因外在的環境和事物的變化而受影響，給人英武、勇敢、無畏的印象。

3. 步伐輕盈、敏捷

步伐較為輕盈和敏捷的走路姿勢，能夠展現出自身的溫柔，展現出一種內斂的氣質，帶有文化氣質。

選擇哪一種走路姿勢，可以根據正式場合的特點進行選擇。需要注意的是，走路姿勢與人心情也有密切關係。走姿是一種節奏，是為情緒打拍子的，如同舞場的旋律。一個人走路的輕重緩急，能夠直接展現出內心的情緒，或是穩定、或是焦慮。所以在走進正式場合的那一剎那，無論之前有多少問題困擾著自己，此刻必須冷靜下來，盡可能展現出自身的熱情和穩重，這樣才能真正散發自身魅力。

坐姿

坐姿，同樣是展示自我魅力的關鍵一環。越是正式的場合，就越要注重坐姿，這不僅是自我形象的展現，更代表了我們對於活動、對於其他來賓的尊重。只有讓他人感受到我們的尊重，對方願意給予我們同樣尊重，並對我們留下極佳的印象。

不同的人，都有不同的坐姿。這四種坐姿，展現出了不同的心境和形象：

1. 只坐椅子邊緣

在心理上有低人一等的感覺，缺乏精神上的安定感，時刻準備迎合對方的下一步行動，顯得非常不沉穩。這種坐姿，是正式場合的大忌。

2. 腳腿晃動

很多男性坐在位置上時，總是不由自主地腿腳晃動。儘管這是一種下意識的行為，卻非常影響自身形象，同時還會讓其他人覺得心煩意亂。有這種習慣的男性，往往被人貼上「自私」的標籤，因此在正式場合之中，必須注意好自身儀態。

3. 臀部完全坐入椅內並且挺胸直背

這種坐姿，是正式場合中最常見的坐姿，它暗示了我們做事已經胸有成竹，在心理上處於優勢，或者有指揮者的氣質或支配性的性格。這種姿態，會讓人留下很好的視覺印象，所以多數場合都應以這種姿勢為主要坐姿。

4. 正襟危坐

正襟危坐與完全坐入有一點接近，這種姿勢的特點在於兩腳併攏並微微向前，整個腳掌著地。通常來說，這種姿勢會展現出自身做事有條不紊，為人真摯誠懇，襟懷坦蕩的特點。嚴肅的正式場合，這種坐姿為首先；但如果是休閒活動，那麼可以讓身體適當放鬆，否則就會顯得有些過於呆板。

每個人都有不同的坐姿習慣，但有一些統一的原則我們是可以遵循的：

優雅的坐姿基本要領即面帶微笑，雙目平視，嘴唇微閉，微收下顎。立腰、挺胸、上身自然挺直。雙肩平正放鬆、兩臂自然放鬆。正式的坐姿，應當保證上半身與大腿、大腿與小腿、小腿與地面都成直角，雙膝允許分開，但分開的幅度不要超過肩寬。

同時，手臂也應有所注意。倘若我們攜帶公事包，那麼不妨將雙手或扶、或疊、或握著放在公事包上。如果是帶有扶手的椅子，那麼可以正身而坐，把雙手分扶在兩側扶手上。

還有一種交叉坐姿，同樣適用於很多場合。這種坐姿的特點，在於先併攏雙膝，雙腳在踝部交叉。交叉後的雙腳可以向內擺放，也可以向兩側的任意一側擺放。不過需要注意的是：千萬不要向前方直伸雙腿，否則會讓修養大打折扣。

優雅的坐姿，不僅適用於正式場合，日常工作、家庭生活，都能帶來沉著、穩重、冷靜的印象，彰顯自身氣質和風度。所以在日常生活中，無論對於站姿、走路、坐姿我們都應當有所注意。如果有可能，不妨對著鏡子仔細觀察，努力透過姿態提升自身魅力。

握手的藝術

無論宴會、商務派對，握手都是最常見的社交禮儀。握手看起來很平常，但它卻展現出了一個人的風度和形象，是溝通思想、交流感情、增進友誼的重要方式。尤其在大型正式活動之上，無論陌生人還是熟人之間，握手都是彼此第一次的身體接觸，儘管只有短短幾秒，卻直接展現著自身的行為舉止。

所以，在社交場合中有這樣一句話：握手是一門藝術。

握手的禮儀，主要透過力量、時間長短和姿勢展現。握手是人與人交流的第一步，既能展現出自身修養，同時讓對方感受到自己的性格特點。正如美國著名作家海倫·凱勒（Helen Adams Keller）曾寫道：手能拒人千里之外，也可充滿陽光，讓你感到很溫暖。

充滿魅力的男士，無論面對怎樣的場合，都會落落大方地主動伸手，示意願意與對方握手。當然，握手被稱作為「藝術」，其中必然隱含著非常多的奧妙和內涵。僅僅只有主動和熱情，有時候不免過頭，反而會讓他人留下不好的印象。所以，掌握握手技巧，是男性必須學習的社交文化。

握手的藝術

在正式場合與他人進行握手時，我們應當遵循這樣的原則：

1. 握手的順序

握手順序，一般為先由主人、年長者、身分高者、女士先伸手，客人、年輕者、身分低者見面應先問候，視對方反應後再伸手，不可主動握住對方，這樣欠缺自重，有失體統。

若同時需要握手的有很多人，應當照順序握手，切不可搶先或交叉，把手臂從第三者上面架過去。握手時不應表露自己的不良情緒，給他人厚此薄彼的感覺。此外，男士要摘下手套，以展現自己對對方的尊重。

2. 適當的姿勢

正確的握手姿勢，能傳達出你真正的情緒。所謂正確的姿式，是指與他人握手時，要在距離對方約一步時與他握手，同時要上身稍向前傾，兩足立正，伸出右手，四指併攏，拇指張開，禮畢後鬆開。握手時必須上下襬動，而不能左右搖動。當遇到比較熟悉的人或者摯友時，為達到某種情感的效果，可以伸出雙手行握手禮。

一般來說，平等而自然的握手姿態是兩手的手掌都處於垂直狀態，這是一種最普通也最穩妥的握手方式。若掌心向下握住對方的手，則顯示著強烈的支配欲，無聲地告訴別人，你此時處於高人一等的地位，因而我們應盡量避免這種傲慢無禮的握手方式。相反，掌心向裡同他人的握手方式顯示出謙卑與畢恭畢敬，如果伸出雙手去捧接，則更是謙恭備至了。

3. 握手時要把握適度的分寸

握手的力度不可太大，力度過大不但不會讓對方感覺到你的熱情，反而會覺得你很粗俗；力度也不可太小，力度太小會讓對方會覺得你在敷衍他。

握手的時間以 5 秒鐘為宜，若少於 5 秒鐘顯得倉促，在握異性的手時，不要握得太久。握手後，不要當著對方的面擦手，這是極其失禮的。握手的姿勢、力度和時間的長短往往能夠表現握手人對對方的態度。

此外，在任何情況下，拒絕對方主動要求握手的舉動都是無禮的，但手上有水或不乾淨時應謝絕握手，同時必須解釋清楚並致歉。

4. 用右手握手

握手時一定要用右手，這是全球約定俗成的禮貌。在一些東南亞國家，如印度、印尼等，人們不用左手與他人接觸，因為他們認為左手是用來洗澡和上廁所的。如果是雙手握手，應等雙方右手握住後，再將左手搭在對方的右手上，這也是經常用的握手禮節，以表示更加親切，更加尊重對方。

握手雖小，但它從來都不是簡單的學問。只有掌握了在不同的時間、場合與不同人物的握手禮儀，並能區別對待，才能更加增添魅力，提升人氣。

交換名片：握手之後的禮儀

正式場合握手之後，男性之間通常還有一個禮儀活動，那就是交換名片。交換名片，同樣是「握手的藝術」重要環節。尤其對於商務男性來說，名片已經成為社交活動中的重要工具，被認為是一個人身分、地位的象徵，也是使用者要求社會認同、獲得社會尊重的一種方式。

在交換名片的過程中，有些細節是不得不注意的，否則容易引起他人的反感，從而出現形象危機。

1. 名片製作二不要

（1）不要隨意塗改名片。

有的人會經常修改名片，改電話號碼了，就劃掉再寫個新的。這種行為是非常不禮貌的。

（2）不要出現三個以上的頭銜。

名片切忌虛誇，有的人故意炫耀自己，在名片上注上一連串的頭銜，令人眼花撩亂，別人看後反而會失去好感。名片上不要出現三個以上的頭銜，俗話說，聞道有先後，術業有專攻。倘若一個名片上的頭銜過多，就有三心二意、用心不專、騙人之嫌，所以很多社交人士，身上會有好幾種名片，對不同的交往對象，強調自己不同身分的時候，使用不同的名片。

2. 名片互換時需要注意次序。

通常來說，雙方交換名片時應該是男性先向女性遞名片，地位較低的人先向地位高的人遞名片。當然，這個次序也不是一成不變的，在某些商業活動中，如果相互不了解對方的身分時，不需要對此過分斤斤計較。

當對方不只一人時，應先將名片遞給職務較高或年齡較大的人；如分不清職務高低和年齡大小時，則可依照座次遞名片；應給對方在場的人每人一張，以免厚此薄彼。如果自己這一方人較多，則讓地位較高者先向對方遞送名片。因名片代表一個人的身分，在未弄明對方的來歷之前，不要輕易遞送名片，否則，不僅有失莊重，而且有可能被冒用。

還有一點需要注意的就是，千萬不要用名片盒發名片，這樣會讓人們認為你不注重自己的內在價值，給人不好的第一印象。選擇一款適合個人的名片夾，是非常重要的道具。

3. 熱情地遞出名片

當遞出名片時，一定要熱情誠懇，要面帶微笑，直視對方的眼睛，將名片的正面朝著對方，恭敬地用雙手的拇指和食指分別捏住名片上端的兩角送到對方胸前，然後說一些「您好，這是我的名片，請多關照」之類的客氣話。千萬別隨意地用一隻手遞送給對方，那是很不禮貌的表現。如果與外賓交換名片，可先留意對方是用單手還是雙手遞名片，隨後再跟著模仿。因為歐美人、阿拉伯人和印度人慣於用一隻手與人交換名片；日本人則喜歡用右手送自己的名片，左手接對方的名片。

如果在遞送名片的時候你是坐著的，那麼就應起身或欠身遞送，顯出你的誠意來。另外，你遞出的名片不能是殘缺或褶皺的，因為那樣既不尊重對方也不尊重自己。有些時候可能名片的電話會出現錯誤，這一類塗改過的名片也不宜互換，如果在新的名片沒有印好的情況下，你應給予一定的解釋和歉意，讓對方覺得很受尊敬和重視，才不會影響到你留給對方的印象。

4. 接受名片時態度要恭敬。

接受名片要與遞送名片一樣，起身或欠身，面帶微笑，恭敬地用雙手的拇指和食指捏住名片的下方兩角，並輕聲說

「謝謝」或「認識您很榮幸」等話語，如果對方地位較高或有一定的知名度，那麼你大可用一句「久仰大名」之類的讚美之詞來表現出你很榮幸認識對方的心態，讚美的話語永遠都是受用的。

5. 接過名片後不要隨意擺放。

接過名片後，應十分珍惜，並當著對方的面，用 30 秒鐘以上的時間，仔細把對方的名片「讀」一遍，並注意語音輕重，有抑揚頓挫，重音應放在對方的職務、學銜、職稱上；不懂之處應當即請教：「尊號怎麼念？」隨後當著對方的面鄭重其事地將他的名片放入自己攜帶的名片盒或名片夾之中，千萬不要隨意亂放，以防汙損。如果接過他人名片後一眼不看，或漫不經心地隨手向衣袋或手袋裡一塞，是對人失敬的表現。

6. 索要名片的方式要委婉。

當你遇到一名陌生的來賓，希望能夠與其進行深入地交往時，最好的辦法就是索要他人的名片，但不要唐突地說能不能給我張名片，這樣多半會遭到對方的拒絕。你不妨進行握手之後，再婉轉地說：「能與您結識讓我受益匪淺，請問以後能否與您時常保持聯絡？」這種恭敬委婉的態度較容易讓人接受。

握手與名片交換，都是正式場合非常細節的部分，卻最能表現出我們的魅力與行為舉止。唯有做好這些細節，我們才能讓人留下好印象，塑造魅力價值。

商業談判的禮儀

商業談判，是幾乎所有商務男士都要面對的正式場合。商業談判不同於宴會等場合，它就像一場戰役，隨時一個小細節，都有可能造成完全無法估量的結果。所以，商業談判的禮儀更為重要，倘若自身的禮儀與談判相違背，就會帶來副作用。例如，我曾見過某企業與外企進行談判之時，中方代表隨手將一張廢紙揉做一團扔到地上，結果外企代表拂袖而去，這就犯了商業談判的大忌。

商業談判前的禮儀

在正式商務開始之前，我們必須做好準備，爭取在正式見面之時，第一時間讓對方留下好印象。所以，商業談判前的禮儀，應當側重於這幾點：

1. 了解對方

在談判前數天，我們就應該透過各種方法了解談判對手的禮儀習慣、談判風格和談判經歷；不要違反對方的禁忌，以免因一些文化禮儀問題使談判出現不愉快的局面。德國人的商業談判之所以非常成熟，就在於他們會非常詳細地收集對方的財務狀況、產品品質、信譽問題、履約的情況等。只有當調查周密詳盡後，才會正式開始談判。

2. 服裝的得體準備

了解對方的禮儀習慣、談判風格後，接下來我們就應該對自己的穿著進行準備。倘若面對的是歐洲代表，那麼服裝應當盡可能以西裝為主；如果對方為東南亞地區的少數民族，那麼就應該了解對方民族的特點，身著帶有民族元素的服裝。讓對方感受到親切、得體，這會給談判帶來很好的優勢。

3. 髮型、面容的準備

商業談判不同於宴會，所以髮型不做過多要求，以整潔為第一要素。看起來很簡單，但事實上很多男士都很容易忽視。不少男士在參加商業談判前，都會使用種類繁多的髮蠟、定型噴霧等等，一味追求造型，卻導致了頭髮不夠整潔，這在商務場合是非常不合時宜的。所以，保持整潔、乾淨，這是商業談判對髮型的要求。與此同時，在出門前把鬍子刮乾淨，也是必須的工作。需要特別提醒的是：如梳頭這樣的動作一定要在西裝穿上之前完成，以防止頭髮上的些許汙物破壞了西裝的整體美感。

4. 鞋襪的準備

商業談判屬於正式場合，所以鞋襪同樣不可忽視。皮鞋在保持整潔的同時，還要記得擦油，使鞋面保持光澤，鞋跟要結實，破舊的鞋跟會使人顯得疲軟而萎靡。而對於襪子，則應當保持長度，避免露出有毛的皮膚，否則十分不雅觀。

商業談判中的禮儀

當商業談判正式開始後，我們必須做好這些禮儀細節的注意：

1. 不要中途插嘴

中途打岔搶著說話常會引起別人的反感。口若懸河，搶盡了風頭，只會引起人的反抗心態。

2. 禁忌獨占談話過分表現自己

商業交往應該是有來有往，交談過程更是如此，獨占一次談話而過分表現自己，雖然可以快意一時，卻會帶來巨大的損失。

3. 善於傾聽

精於談判的人，大多都沉默寡言。他們都是傾聽的高手，只有在關鍵的時刻才會說一兩句。

4. 清楚地聽出對方談話的重點

與人談話時，最重要的一件事就是聽出對方話中的目的和重點。

5. 適時表達你的意見

談話必須有來有往，所以要在不打斷對方談話的原則下，適時地表達你的意見，這才是正確的談話方式。

6. 肯定對方的談話價值

在交談中，一定要用心去找出對方的價值，並肯定它，這是獲得對方好感的一大絕招。

7. 必須準備豐富的話題

為不使談話冷場，並增進交流，必須準備豐富的話題。豐富的話題來源於豐富的知識，但要記住，豐富的話題絕不可拿來向對方炫耀，以免對方產生反感，你就會得不償失了。

8. 以全身說出內心的話

光用嘴說話是難以產生氣勢的，所以必須以嘴、以手、以眼、以心靈去說話，只有這樣，才能感化對方，說服對方。

9. 談判語調要低沉明朗

明朗、低沉、愉快的語調最吸引人，語調偏高的人，應設法練習變為低調，說出迷人的聲音。

10. 咬字清楚，段落分明

說話最怕咬字不清，段落不明，這麼一來，對方非但無法了解你的意思，而且還會帶來壓迫感。

11. 談判時說話的語速快慢運用得宜

開車時有低速、中速和高速，必須依實際路況的需要，做適當的調整。同理，在說話時，也要依照實際狀況的需要，調整語速。

12. 談判時運用「停頓」的奧妙

「停頓」在談判中非常重要，但要運用得恰到好處。「停頓」有整理自己的思維，引起對方好奇，觀察對方的反應，促使對方回話，強迫對方速下決定等功能，但必須加以妥善地動用。

13. 談判時音量的大小要適中

在兩人交談時，對方能夠清楚自然地聽清你的談話，這種音量就比較適合了。

14. 談判時語句須與表情互相配合

每個字、每一個詞句都有它的意義，單用詞句表達你的意思是不夠的，還必須加上你對每一詞句的感受，以及你的神情與姿態，這樣你的談話才會生動感人。

15. 談判時措辭要高雅，發音要正確

一個人在交談時的措辭，猶如他的儀表和服飾，深深影響他談話的效果。對於若干艱澀的字眼，發音要力求準確，因為這無形中會表現出你的博學和教養。

16. 禮敬對手的原則

商業談判的過程中，一定要始終保持對對手的禮貌，禮敬對手，時時、處處、事事表現對對方不失真誠的敬意。即便在某些細節上與對方出現分歧，也應當禮敬地去討論。這樣做，才能讓對方留下良好的印象，而且在進一步的商務交往中發揮潛移默化的功效。

這些細節，都是我們不能忽視的。做好了細節，對方才能感受到我們的魅力，願意與我們進行交流；否則，讓對方留下了不好的印象，那麼談判只能功虧一簣，所有的努力都付諸東流。

餽贈禮品

在商業談判中，尤其是對於國際商業談判，餽贈禮品是不可或缺的禮儀。禮品，既是國際商業談判中的一種潤滑劑，它一方面能加深感情，促進與客戶的關係。

商業談判中的禮品餽贈，要以特色為主要衡量標準，價值不過高。同時，我們還必須了解對方的國籍、生活習慣等，避免因為不當而導致的尷尬。例如，對於美國的談判對手來說，他們的商業性禮物通常價值在 25 美元左右，但對而亞洲、非洲、拉美、中東地區的客商而言，對於價值就會更加看中。

同時，我們還必須根據對方的生活所在地，對禮品進行調整。例如，對於法國人來說，葡萄酒無疑是最佳的禮品；除此之外，相簿、工藝品或其他藝術品也是非常好的選擇。但是華人很喜歡的仙鶴圖，法國卻非常不受歡迎。因為在法國，仙鶴代表愚蠢，核桃代表不吉利。同樣，對於中東國家的商業談判，綠色的領帶會讓他們非常喜歡，但是對於東歐的很多國家，綠色卻是毒藥和毒素原料的象徵。對於這些禁忌和技巧，我們必須精準掌握，這樣我們的魅力值就會大為提升，認為你是一個識大體、懂知識的成熟高階人士。

在演講臺上

在不少重要的正式場合，演說是必不可少的重要環節。演說，最能展現男性的風采，我們所熟知的演說大師，如卡內基（Dale Carnegie）、布萊恩．崔西（Brian Tracy）等，無一例外都是風采迷人的男士，他們之所以能夠成為年輕人的偶像，不僅在於財富的累積，更在於他們在演講臺上表現出的氣度和魅力。

充滿魅力的男士，必然能夠震懾全場，收穫無數雷鳴的掌聲。如果我們無法做到在演說臺上散發風采，那麼魅力值始終有所缺陷。

說到演說臺上的魅力，不得不提的就是風度。什麼是風度？它是指一個人所呈現出的舉止姿態及表情，是一個人內在氣質的言語表現，是一個人涵養的外化。演說臺上，口才只是魅力組成的一部分，唯有展現出自己全方位的風度，才能真正展現魅力。風度，不僅是笑容、手勢，更是精神狀態，個性氣質，品德情趣，文化素養，生活習慣等外在表現的綜合反映。

風度對於演說的作用

有風度的男性，會非常具有吸引力，讓人不由自主地想要聽其演講。那麼，風度在演說時究竟能發揮多大的作用呢？

1. 建立第一印象立刻好起來

演說者若是有良好的風度，在沒有開口講話之前，就能讓聽眾留下好的第一印象，能立刻增加他在聽眾心目中的好感值。聽眾會憑著這第一印象，來對演說者做出直覺判斷。例如你衣著整潔，彬彬有禮，聽眾就會認為你做事細心，有條有理，繼而會認定：這是一個有責任心的人。這時候，對演說者說的內容都會更容易有信任感和認同感。

2. 良好的風度是一種禮儀

風度是一種禮儀。良好的風度會從儀表中表現出來，但儀表絕不同等於風度。儀表主要指的是一個人的外在形象，而風度則側重於演說者的精神風貌。良好的風度常常是符合禮儀要求的，例如演說者英姿煥發、熱情謙和，聽眾就會覺得他彬彬有禮，產生一種好感；反之，如果衣冠不整，說話狂傲自大，聽眾就會覺得他很沒有風度，同時也很沒有禮貌，自然不會對他有好印象。

3. 更認同你的內在美

風度不僅只是外在展現，更是演說者內在美的展現。如果演說者的內心積極向上、朝氣蓬勃，那麼聽眾就會看到其散發出一種清新的時代氣息；如果演說者的內心坦誠大方，那麼在聽眾看起來，你就會顯得誠信而開朗；如果你是一個喜歡故弄玄虛，輕浮的人，那麼即便你的演說技巧再高，恐怕聽眾對你都難以產生信任感，因為你的內心已經透過你的言談舉止表露無遺。

2017 年年初，某資深演員參加的某檔活動，成為了網際網路傳播的熱門。他在活動現場對年輕人提出了非常多有價值、有營養的建議，並從自身入手，說明了知識對於年輕人的重要性。這段影片，贏得了網友們的廣泛轉發。

他的魅力毋庸置疑，而能夠贏得現場觀眾和網友的一致認同，就在於風度的展現。風度不是裝出來的，也不是打扮出來的，而是一種內功，一種底蘊，是你過去的人生經歷、學識文化、性格心理、思想情感等在長期的過程中慢慢累積而成，要有風度，必須有長期的「修練」。所以，一個演說者如果想用風度吸引大家，就要從「內在」下功夫。

演說臺的風度展現

對於男性來說，我們該如何在演說臺上展現出自身風度？這幾個方面，必須做到：

1. 穿著打扮和精神面貌

人靠衣裝馬靠鞍，人的穿著打扮非常重要，先從穿著打扮上培養自己的風度，一定要整潔得體。根據場合選擇適合的衣著，在正式的演說舞台上，就要穿得正式一些，男士一般是西裝。除了穿著，精神面貌也很重要，沒有活力和朝氣，人也很難顯得有風度。所以在上臺前，做一些準備活動，提升興奮度，都能達到提升精神面貌的作用。

2. 英姿颯爽的站相

當我們站在演講臺之上，必須自然得體，不要太過僵硬。一些小細節我們必須重視：演兩手同時下垂會給人筆直僵硬之感，手腕和肘可微彎，也可運用不對稱原理，一手稍前置，一手下垂；腳也可稍分開，或一前一後，這樣都能讓自己的身姿更為合理。

3. 豐富、自然的表情

表情，是演講時必不可少的組成。演講者的表情，一定要豐富多彩，並與內容表達要完全合拍。說道幽默的地方，不妨用輕鬆的表情；而說道沉重的話題，也應該表現出沉穩。當然，表情要自然而真誠，不要給人做作之感；也不要一味地「笑瞇瞇」，否則太過於單調。另外下意識地吸鼻、伸舌、乾笑或摸頭髮、捲衣角等，都應杜絕。

4. 禮貌禮儀和言行舉止

良好的禮貌禮儀和言行舉止，這是風度的第二層。尤其在演講臺上必須注意好分寸，何時進行發言，面對觀眾的提問不要隨便打斷，遇到禁忌情況不要慌張，這都是提升風度的方法。

5. 靈活多變的手勢

在演講時，不同的手勢，有不同的含義，非常靈活。如緊握拳頭用力一揮，表示的是果斷或惱怒等；如抬手一指，是要告訴人具體的方位、對象；食指與拇指接觸並向前伸出，可表示「精確」等。

6. 選擇適當的風趣的方式

風趣的表達方式很多，可以自嘲，可以講笑話，可以玩冷幽默，但一定要選擇適當的方式，要根據演說的對象、場合及內容選擇適當的材質來展現你風趣的一面。例如正講嚴肅深刻或沉重悲傷的話題時就不適合突然講笑話，這樣不但達不到活躍氣氛的目的，反倒會顯得突兀甚至引起尷尬。而且，你所講的笑話或幽默段子最好與你演說的內容或主題相關，這樣方便把話題自然而然地轉到演說上去。

7. 談吐修養和口才水準

談吐修養和口才水準，這就到了風度的更高境界。內在有沒有修為，心胸夠不夠寬廣，一張嘴別人就看出來了。站在演說舞台上，你演說的內容表現出的思想和內涵，都在告訴聽眾你是不是一個有風度的演說者。因此，加強自己的談吐修養和口才水準，這是塑造自己風度的最重要的一個途徑。

8. 術語、名句一定要使用正確

在使用術語、名句的時候要切記，一定要正確使用。尤其是術語，本來是為了顯示自己是內行、是專家，一旦用錯了詞，那就是比外行還外行。尤其是在高階人士為主的場合，更要對引用的術語提前確認，否則就會貽笑大方。

對名句的使用更是如此，一旦使用出現偏差，不但產生不了畫龍點睛的作用，還會搬石頭砸了自己的腳，讓聽眾認為你是班門弄斧、譁眾取寵。名句的使用，首先要清楚地知道是誰說的，出在哪裡，不要張冠李戴。二是在使用時應該從演說中的人、物、事中自然而然地引出，要運用在適合的地方，開頭、結尾還是中間，或者是題目，不能為用而用，那就顯得做作了。

在日常生活中培養風度

風度的培養，並不是一蹴而就，需要透過在日常生活中的不斷鍛鍊，慢慢累積。所以，我們平常就要開始對於風度的培養：

1. 多讀書，多經歷，不斷加強自身修養

風度其實就是「內秀外美」，那麼，如何讓內在的氣質透過外在散發出來？腹有詩書氣自華。喜歡讀書的人氣質自然不凡。一個喜歡讀書的人，首先擁有了大量的知識儲備，間接得到了很多人生經驗，這是一個人風度和氣質的基礎，所謂「文化底蘊」。

在閱讀的基礎上，我們還要不斷去經歷，去體驗。做到了這些，我們才能在演講臺上一鳴驚人！但光讀書是不夠的，古人告訴我們：「讀萬卷書，行萬里路。」陸游也告訴我們：「紙上得來終覺淺，絕知此事要躬行。」意思就是說，從書本中得到的知識畢竟淺薄，完全了解一件事需要自己親自去實際，去經歷。

所以，擁有豐富的讀書經驗和豐富的人生經歷是一個人風度和氣質的基礎。在這個基礎上，我們還需要塑造自己的性格、品性、心態等，既加強自身的修養。如果一個人能從這三大方面去培養自己，那麼，當有有一天站在演說舞台上時，聽眾就會驚呼：「哇，他好有風度！」

2. 向更有風度的人學習風度

有風度的演說家總是讓聽眾不由自主地被吸引，有風度的人總是讓我們不由自主地想接近他，電視上，生活中都有許多有風度的人，如各個國家的外交官，電視劇裡的職場菁英，自己公司的上司或同事等。同時，網際網路的便捷，讓我們收看各種影片非常便利。藉助影片進行學習，也是不錯的選擇。透過對榜樣的學習，都是那麼有風度，我們可以然後糾正自己身上不良的行為舉止，從而成為舉止文雅、風度翩翩的魅力演說男士！

章節 6
情緒管理

每一個人都有情緒，每一個人都會生氣。但是，這不等於我們可以不分場合地發脾氣。尤其對於商務男士來說，情緒展現著自身的修養，不能控制自己的情緒，即便衣服再得體、髮型再有型，也會毀掉自身的好形象。對於魅力男士來說，情緒管理是形象必修課程，做好情緒的控制，我們才能彰顯自身修養。

什麼是情緒

每個人都有情緒，它是一種複雜的心理現象。高興時，我們會感到如沐春風；悲傷時，又會感到萬念俱灰，這都是情緒的作祟。所以，情緒首先是一種情感體驗。其次，情緒也有外在表現形式，興奮時揮舞雙臂，難過時垂頭喪氣，這都是情緒帶來的狀態。毫無疑問，壞情緒會讓自身形象盡失，修養大跌。

什麼是壞情緒

從內到外，情緒會形成一套完整的「反應鏈」，而壞情緒的出現，往往會沿著這條鏈走下去：

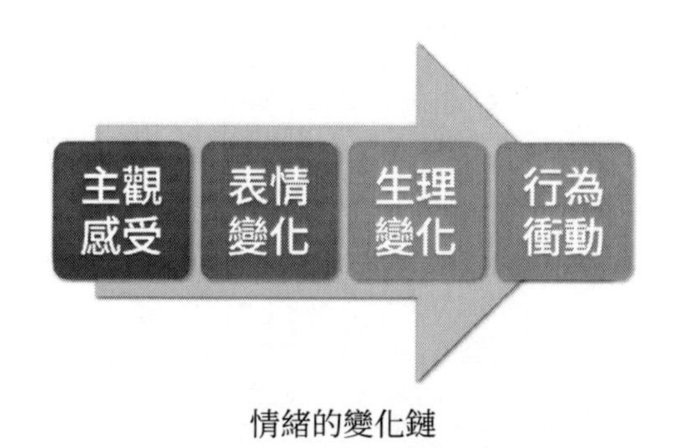

情緒的變化鏈

1. 主觀感受

情緒是內心的波動，當我們遇到客觀現實與自己想像不符時，就會產生情緒的變動。

2. 表情變化

一旦內心出現強烈波動，那麼我們的表情很容易出現變化。憤怒時，會怒髮衝冠；悲傷時，會痛哭流涕；煩躁時，會坐立不安；生氣時，會怒吼；失望時，會深深地嘆息。這一切，都會被外人輕鬆看到。

3. 生理變化

緊接著表情變化的，是生理變化、如滿意、愉快時心跳正常；而恐懼或暴怒時，心跳加速，血壓升高，呼吸加快等。同時自主神經系統和分泌系統都在發生著變化。

4. 行為衝動

此時，如果我們依然不調整，那麼就會出現行為衝動。負面情緒來臨時，會呈現會拍桌子、摔東西、打人等，在過激的情況下，還會發生犯罪行為。

所以，倘若不懂得情緒的管理，那麼我們勢必會出現各種無法預測的行為。

身為男性，當然同樣有情緒，尤其是壞情緒。但能否控制自己的情緒，在沮喪時能否繼續保持風度和樂觀，這是衡量我們是否是魅力男士的關鍵。優質男性，無論面對怎樣的事故，尤其在公共場合之中，依然能夠保持風度，保持紳士的姿態。

壞情緒帶來的大麻煩

情緒本身沒有對錯，壞情緒也能夠得到有效轉移。但是，如果我們不懂得轉移的技巧，很容易出現大麻煩。近年來爆出的很多上班族的負面事件，無一例外不與壞情緒有直接影響：

2007 年 12 月 29 日，A 市白領，從 24 層高樓跳下；

2011 年 4 月，倫敦金融城亞太區負責人上吊自殺；

……

這些人曾經都是職場的主管人士，卻因為無法控制情緒，導致生命走到了盡頭。

無可否認，對於男性而言，工作壓力、生活壓力非常大，情緒出現波動再說難免。但是，如果不懂得控制，那麼，必然會導致這些問題的出現：

1. 影響人際關係

情緒不好的時候，我們自然就會流露出不好的表情、肢體動作、語言和行為。然而，沒有誰願意無條件地承受你這些不好的情緒，久而久之，別人必然會遠離你，拒絕和你相處。那麼，你的朋友會越來越少，人際關係會越來越惡劣。

2. 影響工作狀態

我們在情緒不好的狀態下工作，不是漏洞百出就是敷衍了事，甚至根本就無法工作。因此，我們自然要受到上司的責備，這又會引起新的壞情緒。所以，壞情緒若得不到及時的調整，就會引起連鎖反應，導致情緒越來越壞，無法收拾。

3. 影響幸福

壞情緒所帶來最可怕的結果就是：奪走我們的快樂和幸福。就如我們上面舉的一些活生生的案例來說，無論你是未走向社會的學生，還是初入職場的年輕人，或是生活經驗豐富、取得一定人生成就的人，都有可能敗給「情緒」這一人生「殺手」。

以上三點，所針對的就是社交場合、工作場合、家庭場合，所面對的人群即為客戶、老闆、朋友、家人和其他社交群體。一旦我們為所有人帶來了負面的印象，個人修養盡失，那麼怎麼可能展現出自身魅力？

壞情緒產生的原因

看到壞情緒會對自己帶來的影響，接下來我們需要找到壞情緒產生的原因，這樣才能有的放矢，進行調整：

1. 無法快速走出悲傷

每個人都會遇到悲傷的事情，而有一部分人總是很難從這種回憶裡走出。也許是別人的一句話，也許是自己的一次出糗，都會帶來巨大的心理壓力。這種不健康的心態，使他們長期處於一種不快樂的情緒當中。與其說不快樂常常光顧他們，不如說他們揪住不快樂的情緒不放。

所以，這類人也許平常文質彬彬、盡顯紳士的特點，但一旦遇到問題，就會變得敏感、脆弱。內心的不夠強大，使他們無法走出困境。

2. 過於消極地看待未來

一些男士有過這樣的經歷：「公司又遇到麻煩了。我真的能帶領大家走出困境嗎？我真的可以創造奇蹟嗎？」這種情緒不斷發酵，最終導致過於消極地看待未來。

所以，當這樣的男士第二天出現在辦公室之中，一定是滿眼通紅、不修邊幅，往日的精氣神徹底消失。潛意識裡，在不斷地和自己說：「我完了，我完了。」

過於嚴重的悲觀情緒，是這種男性壞情緒出現的主要原因。更糟糕的是，他還會深信自己這種悲觀的預測是正確的，並以此作為自己不再努力奮鬥的藉口。所以，這類男性也容易被壞情緒影響，氣場消失。

3. 過分敏感

敏感不是缺點，但過於敏感，必然會讓自己的形象大打折扣。敏感的人，通常有很強烈的「疑心病」，他們的心思過於細膩、神經太敏感，過於重視細節，因此放大了自己的負面感受，極易悲傷和落寞。例如，看到有同事聚在一起小聲說話，就會聯想到是否在談論自己；聽說公司接下來準備進行裁員，不由自主地聯想到是否會有自己。這種男性，很容易被負面情緒所控制。

4. 責任感過強

責任感強，是一個男士的氣質展現；但是如果超過了正常範圍，反而會讓自己陷入負面情緒不可自拔。例如，我曾遇到過這樣一名上司，一旦部門出現了問題，他就會和下屬道歉：「對不起，都是我的錯，我沒把工作安排好，所有的責任我來擔。」即便失誤與他無關，他也感到內心無法原諒自己。

這類男士，通常是企業內的骨幹，但是因為具有很強烈的負罪感，所以不僅讓自身情緒很糟糕，也容易讓他人留下負面印象。

這四種男士，是最常見的「壞情緒易感」體質。所以，我們必須進行針對性調整，重塑自身涵養。

有風度地控制情緒

有壞情緒不可怕，畢竟人是七情六欲的動物。但是，我們需要透過合理的方法來發洩情緒，有風度地控制情緒。這樣我們才能塑造最真實的自己。

1. 表達情緒應該有「度」

做任何事情都應該有「度」，所謂表達情緒的原則和底線，就是表達情緒的「度」。我們可以讓對方了解自己的心情，但前提是：不會把對方激怒。例如在職場中遇到了委屈，那麼不妨和自己的上司說明委屈的點在哪裡，如何透過有效手法，解決內心的委屈。如果你想讓對方接受你的情緒、理解你的心情，你就應該注意表達的「度」。同時我們要時刻觀察對方的情緒變化，一旦發現對方不願再繼續聆聽，那麼不妨暫時停止。

2. 給自己一點信心

對於過分敏感的男士來說，必須學會自信起來，這樣才不至於被莫須有的原因干擾情緒。無論面對怎樣的境地，都應該告訴自己：「我有自己的想法，做出這個決定就不會隨便改變。」當自己變得有主見，情緒就不會輕易被外界和他人所左右，自然就不容易疑神疑鬼，帶來一種全新的形象。

3. 轉移注意力

很多時候，我們的壞情緒對事件的發展並沒有幫助。所以，與其現在某個情緒中無法自拔，不如進行情緒轉移。最好的方法，就是結合自身興趣愛好，選擇幾項需要靜心、細心和耐心的事情去做，如練字、繪畫、製作精細的手工藝品等。例如我所認識的一名企業主管，遇到暫時無法解決的煩心事，就會選擇到高爾夫球場打上幾桿，待情緒平穩後再面對企業內部的員工。當注意力轉移到這些事情上時，自然無暇時刻想著那些令人不快的小事。

4. 談判桌上的情緒控制

最可怕的情緒失控，就是在重要的公開場合上，尤其是以談判桌為代表的場景。一旦自身情緒失控，不僅形象大跌，甚至還會直接影響到項目的談判。所以，在談判桌上無論面對如何的境地，都不要出現爭吵、拍桌子行為。我們不妨在一些無關緊要的問題上給予對方肯定，再迂迴到自己的話題，這樣既避免了直接爭吵，也容易讓對方接受我們的看法。即便對方呈現出無禮的舉動，我們也應當適當反擊，但不是「以牙還牙」，而是以富有修養的針對性的批評、反駁，以嚴肅的表情來表明自己的態度和觀點。一旦我們可以展現出這樣的氣質，對手反而會因為自己的行為產生羞愧，並對我們的行為產生欽佩之意。

控制興奮情緒

「投入的男性，最具魅力。」

具有魅力的男士，會在工作中無比投入熱情，專注、認真。他們會調動內心的興奮度，呈現出男士最迷人的一面。尤其是在演講臺上口若懸河的演講、面對談判對手恰當得體的說明，都會散發出男士的魅力。

不過，正如情緒需求度，興奮度，同樣需要一條紅線。不少男士在正式場調動起自身興奮度，卻沒有掌握好原則，反而導致讓眾人留下了負面的印象。

以下這幾中情形，都是在興奮度過高時呈現的得意忘形。我們必須學會調整情緒，適當境地興奮度，這樣才能真正讓魅力得以傳播。

場景一：即興演說時的信口開河

一次即興演講，劉先生在講臺上顯得十分亢奮，說了兩三個小時依舊沒有停歇的意思。但他並沒有看到，其實臺下的觀眾，已經昏昏欲睡。

即興演說，考驗的就是對現場情緒的掌控，以及自身知識儲備的靈活運用。使用得當，會創造一次完美的演說，樹立個人品牌。然而，這不等於我們可以信口開河、胡說八道。

部分男性身上都有這樣的問題：因為沒有準備，所以上了講臺就開始演說，自己的狀態似乎也非常好。但事實上，我們所謂的「狀態好」，只是把那些根本不相關而且毫無意義的事扯在一起，使得現場的人聽得莫名其妙，不知道你在講什麼。他們可能會非常失望：原來根本就不會演說。

為了避免這種問題的出現，我們倘若一時不知道該如何開始話題，那麼不妨態度謙卑地與觀眾表示：「請大家給我一分鐘時間，讓我快速在大腦裡整理下提綱。」儘管時間短暫，但這比沒有準備便貿然開口的效果要好很多。如果你實在想不出講什麼，不妨老實告訴大家：「我這次沒有準備這個方面的話題，真的萬分抱歉，下次我再講給大家！」你誠摯的態度，也會得到所有人的讚許。

場景二：演說時的豪言壯語

王先生是某企業的部門主管。在全公司的年會上，王先生登上演講臺，一遍遍地重複：「未來是我們的！」、「我們的目標就是成為最卓越的人！」。一開始，大家都有非常好的回饋，但一而再、再而三如此，所有人不免有些疲勞了，不再回應講臺上的王先生。

用豪言壯語來增強演說效果，這是非常常見的演說手法，可以達到很好的效果。但是這不等於，我們陷入一種狂熱的情緒之中，一次又一次地喊口號，卻沒有任何實質的內容。相反，太多的豪言壯語反倒降低了演說的說服力，使得演說顯得空洞無物。

真正讓人感到如沐春風的演說，內容應當多結合實際，多給聽眾真正有價值、有營養的「乾貨」。因為，每一場演都是有主題的，所有的演說資料都是為主題服務的，要把這些資料有機的組合起來有邏輯地表達。演說不是「戰爭動員」，不能不合邏輯地妄加論斷，或者不顧事實主觀臆斷。

之所以出現這種情形，就在於演說的過程中不夠冷靜，忘記了「乾貨」，單純陷入熱烈的場面之中。所以，要想講好即興演說，保持足夠的冷靜是必須的。在演說的間隙，我們應當一個人坐在後臺，點上一杯檸檬茶，讓自己的心情盡可能平靜下來，想想接下來的話題是什麼，這樣才能心中有物。

場景三：談判桌上的情緒失控

這是一場重要的商業談判，對方為法國企業。鄧先生作為我方談判代表，一直在與對方進行焦灼地交流。突然，一名外方代表表示對我方企業的實力不信任，鄧先生一下子被激怒了，拍著桌子與對方咆哮。結果，雙方不歡而散，這筆重要的談判以破裂而告終。

商業談判，最講究一個人的能力和氣度。能夠成為談判代表的，必定各個都是能說會道之人。

但是，我們也必須了解這樣一個觀點：坐在談判桌上，第一目的是促成交易，維護公司利益。口才好當然能夠事半功倍，但這一切都是為談判而服務。所以，過於投入其中卻忘了本職工作，那麼即便說得再多，也不會讓對方留下好印象。

但你要清楚地知道，你此次是來談判的，是為了維護公司的利益的，而不是為了來表演口才的，雖然在談判的過程中，你會用到眾多演說的技巧，但這些技巧都是為談判服務的。所以，我們必須適當降低興奮感，始終把公司利益擺在第一位。在談判的過程中，千萬不要為了逞口舌之快和對方吵起來，你一句我一句，雙方各不相讓，最後引起一些不必要的衝突和對抗。例如有些談判者，一看談不攏了，就威脅對方：「你如果不接受我們價格，我們就不要談了，我們也不想和你們合作了，各自重新尋找新的合作夥伴吧。」這不是把路堵死了嗎？

坐在談判桌上，就應當有「將軍的氣質」——既不會太老實，被對方牽著鼻子走；但也不會怒氣沖天，當仁不讓。

正確的做法是，心平氣和同時又要據理力爭，要維護自己的利益，又尊重對方給對方面子，這樣的談判對手才會讓對方敬佩。

那麼，我們該如何調整心態，在談判遭遇僵局之時進行調整？首先，不要認死理，非要怎麼做不可，而是要用靈活多變的語言讓談判氣氛活過來。例如這樣說：「這個問題我們先放到一邊，先談下個問題。等明天我們的思考更成熟了，再討論這個問題。」

再如：或「沒有什麼解決不了的問題，我們再看看各自的方案有沒有可以妥協的地方。」這種回答，都能達到很好的效果，避免氣氛陷入尷尬。時刻保持冷靜，讓腦子保持靈活，這樣才能避免因為自己的形象大跌導致破局出現。

場景四：冗長的述說

姚先生這天代表公司，前往某公司做業務陳述。原本對方預留給他的時間只有半個小時，但是過了半個小時，姚先生卻依舊還在闡述公司基礎業務之上，始終沒有進入這個項目的重點核心。對方公司聽著他的演講不斷搖頭。

姚先生沒能在對方公司面前展現出個人魅力，可想而知，最終這家公司一定不會選擇姚先生的公司。

個人魅力，就是企業形象的展現。倘若自己始終不能展現出讓人信服的氣場，那麼所代表的公司必然也會被對方所排斥。這給所有男士都提了醒：只有快速讓對方喜歡上自己，商業活動才能進一步發展。因此，當我們越是陷入一種熱烈的情緒之中，就要更加保持冷靜：此時我說的話是否準確？是否會給我帶來負面分？

無論商務演講還是商業談判，最讓自身形象打折的，就是過於冗長的語言 —— 看起來似乎面面俱到，卻削弱了語言的力度。例如很多演說者喜歡頻繁使用「可是」、「我認為」、「一定」、「有點」、「一些」這些詞，經常一段話中出現不下十幾次，結果讓人卻適得其反。

「我覺得，我一定能為你做好這件事。」

「我能為你做好這件事。」

這兩句話哪一個更有力度？顯然是後者。因為前一句話有太多的修飾，如「我覺得」、「一定」等，反而讓自己的底氣並不足。這就是簡潔語言帶來的效果，反而比過多修飾語更能展現自身的特質 —— 堅定、自信。尤其對於男士來說，在正式場合簡單卻充滿力量的發言，會更加打動人心。

要避免喋喋不休的冗長的語言，那麼我們必須遵循這樣的原則：多使用單音節詞，單音節詞比三個以上的多音節詞更有力度；力求用最少的語句表達你的觀點；盡量用普通人都能一聽就懂的「白話」，代替那些過於「文藝腔」的詞以及專業術語；避免使用被動語態，要盡可能地使用主動語態；說話不要繞彎子，要直截了當。乾淨、俐落的男士，才會讓人信服，才會散發氣場。

過多的手部動作

趙先生在講臺上，面對數百觀眾發表著演講。他非常投入，甚至手腳並用。他以為，這種投入的演講，一定會獲得很好的效果，但卻沒有聽到臺下有人竊竊私語：為什麼他和表演節目一樣？我怎麼沒有聽清他到底說了什麼？

演說中加入手部動作，是為了展現自身投入，更加吸引聽眾；但是，手勢過多，甚至每句話都要有手勢的配合，反而會非讓聽眾感到不舒服。同時，這也意味著：我們進入了過於亢奮的狀態，已經忽視了手勢的意義。

所以，在演說的過程中，我們要不斷提醒自己：身體語言，只是言說的輔助手法。手勢太多，只能導致發言拖泥帶水，反而給所有人留下「浮誇」的印象。自然不誇張、點綴發言過程，這才是手勢的妙用。在演說的過程中，我們應當保持節奏，不斷調整自身演說狀態，而不是陷入一個人的精神世界。

情緒控制

什麼樣的男士，才能被稱作成熟？

這需要從兩個方面來判斷：一是生理上的指標，二是心理上的指標。生理上的指標很容易實現，而心理上的指標卻相對較為複雜。思想、感情、行動，這都是心理成熟的關鍵詞。明白自己清楚要做什麼，能夠控制住自己的情緒具備觀察和洞察事物的能力，面對現實生活有較好的態度，對挫折、困難有相當的承受和抵抗能力，這都是心理成熟的展現。

唯有心理成熟的男士，才能真正做到情緒控制，無論在怎樣的場合，都能展現出過人的風度。不懂得情緒控制的男士，從心理層面上來說，依舊是個「孩子」。

心理成熟的具體展現

如何判斷我們是否達到了心理成熟的標準？我們可以從這幾個角度進行判斷：

男士心理成熟的展現

1. 不誇誇其談

成熟、有風度的男士，無論身在何種場合都不會隨意高談闊論，更不會對自己的經歷總是喋喋不休地闡述，卻絲毫不關注自己的聲音是否帶給他人影響。很多時候，成熟的男士都能夠時時觀察現場的氛圍，透過其他人的回饋自動調整情緒，而不是洋洋自得地大聲說話。不誇誇其談，是成熟男士的重要象徵。

2. 心胸寬廣

「男人的胸懷，就像海洋一樣寬廣」。成熟的男士，能夠控制好情緒波動，而不是總陷入煩惱之中，與他人斤斤計較。即便吃了點小虧，也不會和其他人進行無止境地抱怨，更不會睚眥必報地對待他人。即便面對家庭中的小爭吵，他們經常是「首先回頭的天使」，主動和家人道歉，盡顯男士優雅風度。

3. 重視諾言

成熟男人絕對不會出爾反爾，他對自己的每個承諾都相當重視，在許願之前周密考慮，自己的話是否真能兌現，如能兌現的話他絕不說，言出必踐。他的每一句話都讓你覺得放心、可信任。遲遲拿不出行動的男人，與成熟不沾邊。

4. 意志堅定

無論遇到怎樣的問題，成熟男人都有著處變不亂的心理素養。即使那份挫折是讓人難以接受的，他們同樣會冷靜地分析問題，從而做到東山再起。即便真的出現情緒波動，也會在短時間內調整好心態，及時修正方向，但絕不輕易言退。成熟男士當然也會有疲憊，但是他們不會喋喋不休地訴說痛苦，而是帶著積極的心態，朝著目標不斷出發。

5. 勇於承認錯誤

如何面對錯誤，如何面對眾人的職責，決定了男士在其他人眼中的形象。成熟男人不頑固，能接受不同意見，善於採納好的建議。對於自己的不當決策，他們勇於承擔後果，從不找藉口搪塞推諉。尤其因自己的失誤為公司、其他人帶來傷害之時，會主動站出來道歉，並用行動努力扭轉頹勢，展現自身的擔當和力挽狂瀾的能力。

6. 含蓄內斂

成熟、有風度的男士，必然「腹有詩書氣自華」。成熟男士在公開場合，不會刻意賣弄自己的學識，而是用平等的心態與他人進行交流，不張揚、不刻意，卻會給人儒雅、有文化的特質。業餘生活，他們不會過分留戀五光十色，而是喜歡讀書、學習，願意接受新事物新訊息，不斷豐富自己的內涵。成熟的男士，就像醇厚的酒，越品越有味道。

7. 尊重他人

成熟男士懂得尊重他人，無論出席怎樣的場合，都能夠面帶笑容，即便遇到他人的攻擊，也會保持內心的瓶頸，展示出自身風度。成熟男士很懂得換位思考，會站在別人的立場上來考慮問題，不強求別人遷就自己，善於同別人合作。尤其在演講臺上，聽到有聽眾提出了不同的設想，會鼓勵對方大膽說出看法，在平等的關係上與對方產生互動。

對照我們自己，是否可以做到這些？倘若很多地方都有不足，那麼就證明我們的情緒控制能力還有欠缺，很容易收到外界環境影響，出現情緒波動，變得焦慮、煩躁。一旦留下了易衝動、易生氣的印象，那麼我們的風度頓時蕩然無存。

判斷自身情緒是否失控

當我們的情緒出現失控時，會有怎樣的表現？

很多男性其實並不懂得這一點。因為情緒失控之時，往往我們會被憤怒所控制，認定自己當下所呈現的狀態是正常的。我們無法判斷自身是否處於情緒失控的狀態，又怎麼可能借助有效的方法進行情緒調整？

所以，想要學會情緒控制，首先就要發現自身情緒失控的苗頭，儘早進行調整，這樣才能避免紳士風度的喪失。

1. 語調表情

語調，最能表現出一個人的情緒狀態。聲調的高低、語速的快慢、節奏的緩急，無不展現出我們當下的情緒變化。通常來說，當情緒出現波動時，都會有這樣的變化 —— 驚恐時尖叫；悲哀時聲調低沉，節奏緩慢；氣憤時聲高，節奏變快；愛慕時語調柔軟且有節奏。

所以，在我們與他人出現爭執、遇到不開心的事情時，一定要仔細分辨自己的語調表情。即便我們強力偽裝，說話時的狀態，也與平靜時有著明顯的不同。我們不妨觀察他人的表情，倘若對方在聆聽我們說話時，不斷出現皺眉、努力豎耳朵的姿勢時，就意味著我們的語調表情出現了波動，應當立刻開始調整。

2. 臉部表情

臉部表情對於情緒的展現是最為直觀的。每一天，面對不同事件、不同人的時候，我們都會展現出不同的臉部表情如眉開眼笑、怒目而視、愁眉苦臉、面紅耳赤、淚流滿面等。臉部表情是人類情緒表達的基本方式，同一種臉部表情會被不同文化背景下的人們共同承認和使用，以表達相同的情緒體驗。如快樂、驚訝、生氣、厭惡、害怕、悲傷和輕視，無論世界哪一個國家，都會以這些表情來表達內心。

在於他人交流之時，我們應當時刻注意自己的表情，如果發現臉部出現輕微抖動、臉部肌肉緊繃等情況時，就意味著自己的情緒已經到了失控的邊緣。這時候，應當盡快進行調整，避免負面情緒進一步發酵。

3. 身體表情

身體表情，包括了我們身體姿態、動作變化等等。一般來說，高興時手舞足蹈，悲痛時捶胸頓足，成功時趾高氣揚，失敗時垂頭喪氣，緊張時坐立不安，獻媚時卑躬屈膝等，這都是身體對於情緒變化的最直觀展現。所以，當我們發現自身的動作開始不斷增多，這就意味著情緒進入了強烈變化的階段。

與此同時，手勢也是身體表情的一種。尤其在公開場合，如演講等活動時，倘若手勢過多，就意味著我們的情緒太過亢奮，這時候就需要進行一定調整，平靜內心的激動。正如著名心理學家佛洛伊德（Sigmund Freud）所說：「凡人皆無法隱瞞私情，儘管他的嘴可以保持緘默，但他的手指卻會多嘴多舌。」

還有一些身體的小細節、小習慣，都能夠暴露出我們的情緒。例如，喜歡指手畫腳的人，一般情緒容易衝動；喜歡把手指關節弄得「啪啪」響的人，內心充滿對未來事物的恐懼情緒；喜歡抓頭髮的人，此時情緒正處於不穩定狀態。一旦我們的身體呈現出了這些變化，就必須立刻進行情緒的調整。

用合理的方式發洩情緒

情緒，不以人的意志為轉移。任何人都有可能遇到情緒失落的情況，即便情緒控制大師也不可例外。而情緒就像火山，倘若不能有效地發洩，就有可能產生大爆炸，給自己、給他人帶來不可想像的傷害，這是成熟男士的大忌。

那麼，我們該如何保持男士風度的同時，讓情緒得以轉移？最好的方法，就是透過各種舒緩的手法，讓負面情緒得以發洩。

1. 把負面情緒像汗水一樣揮灑出去

有時工作的壓力非常大，需要在辦公位上工作超過 8 個小時，因此不僅心理健康有一定問題，還會造成諸如頸椎病等問題的頻發。心理壓力 + 生理壓力，自然導致了精神出現萎靡，情緒低落。在這種心態之下，很容易出現易怒的情況。

想要改變，最好的方法就是學會運動。「生命在於運動」，不僅是因為運動能使我們的身體更健康，更是因為運動能釋放我們的壞情緒，讓我們擁有更飽滿的精神狀態。尤其是諸如跑步、羽毛球、網球、籃球這樣的「大量出汗」運動來說，對情緒的發現非常有幫助。出汗，就是排毒的一個過程，當我們體內的毒素隨著汗水流出，整個人的狀態就會得到明顯提升；其次，「大量出汗」運動通常需要不斷地與隊友交流、互動，得分後還會發自肺腑地發出呼喊，能夠讓內心的鬱悶一掃而出；再次，運動能提高我們的抗挫能力，承受挫折的能力一旦增加了，便不容易有挫敗感等負面情緒。

所以，無論我們的工作如何忙碌，必須學會每週進行運動。事實上，很多商務男士都加入了體育俱樂部，這都是我們非常好的選擇。在運動中發洩情緒，在運動中提升社交。

2. 用睡眠改善情緒

睡眠，是調整內心的最佳方法之一。很多醫療機構，都將睡眠作為了調整內心平衡的首要推薦方式。所以，遇到煩心之事一時無法解決，那麼不妨選擇睡覺。眼睛閉上的那一刻，壞情緒就暫時拋開了。一覺醒來，身體和大腦都得到了充分的休息，身心都輕鬆了不少。

倘若在睡覺之前，我們的情緒依舊強烈波動，導致自己始終無法入睡，那麼不妨喝一杯牛奶，再用溫水泡腳，這樣就會有助於快速進入睡眠階段。

3. 用聚會擺脫負面情緒

吃飯，也是擺脫負面情緒的方法。所以，但我們情緒失控之時，不妨選擇用填飽肚子、刺激味蕾的方式來彌補內心的失落。當然，如果一個人吃飯顯得有些乏味，不妨可以邀請朋友加入聚會，在享受美食的過程中，可以向朋友們發發牢騷，也可以什麼都不說，只是單純地感受美食的味道。尤其當我們吃到了一款讓自己交口稱譽的美食，內心會感受到無盡的爽快，負面情緒得到了有效轉移。

4. 按摩、足療，讓自己的心情靜下來

情緒不好時，我們的心情處於一種狂躁、不安的狀態，猶如一隻發怒的老虎，也可能是一隻惴惴不安的小兔。要制

伏這隻發怒的老虎，讓這隻小兔的心情平復下來，就要讓它暫時安靜下來，而很多方式都有這樣的效果，例如按摩、足療等等。按摩之前，我們不妨與按摩師進行交流，告訴他自己的情緒問題出在哪裡，這樣按摩師就會根據我們的身體反應，針對重點區域進行重點按摩。當我們的身體得到了調整，情緒也會逐漸平穩，重新回到魅力男士的狀態。

寬容所展現的內涵

男士的形象，不僅在於外表，更在於內涵。

什麼樣的內涵最讓人折服？尤其當我們身居高位、是社會名流之時？

毫無疑問，就是寬容。

寬容，代表著一個男性具有很強的情緒穩定，不會因為他人的不當就表現得氣急敗壞，更不會因為外人的攻擊就大動肝火。縱觀世界那些能夠稱之為「魅力」的男性，無一例外不是懂得寬容的大人物。寬容，意味著我們具有廣闊的胸懷；寬容，意味著我們可以接受批評；寬容，意味著能夠平靜地對待人與事。這種氣魄和威信，正是領導層最需要的。擁有高人一等的氣度，會立刻俘獲下屬的心。

如何學會寬容

懂得寬容，就需要從細節入手。一方面，我們需要建立「人人都會失誤」的認知；另一方面，在遇到他人失誤時，也必須學會寬容的技巧，既是寬容他人，也是寬容自我。

1. 正確看待他人的失誤

「金無足赤，人無完人」，作為普通人，每個人都有自己的不足之處，也都會出現失誤。成熟的男性，必然會理解這一點，所以當其他人出現失誤時，會意識到這並不是「禍亂」。

只有先認清這一點，我們才能做到真正寬容他人。我們都是普通的平凡人，每個人身上都有自己的優點和缺點，一時的失誤，並不代表它就是「禍亂」。只有意識到這一點，我們才能體諒對方的失誤，做到寬容他人。在處理人際關係時，用一顆寬廣的心，包容的心、真誠的心去面對人生路上的朋友。只有用這樣的「心」，我們才能展示出魅力，成為眾人眼中的「偶像」。

2. 找到其他的「發洩」管道

面對他人的犯錯，倘若透過簡單的心理調節依舊無法奏效，此時要做的不是和對方糾纏，而是選擇適合的「發洩管道」，讓內心的不平靜得以宣洩。戶外運動就是非常好的選擇。進行一場長跑，在奔跑中不斷釋放自己的能量，等到停下那一刻，就會發現之前的不滿徹底煙消雲散。

「世界上最寬闊的是海洋，比海洋更寬闊的是天空，比天空更寬闊的是人的胸懷。」這是著名詩人雨果（Victor Marie

Hugo）寫下的詩句。真正有魅力的男人即是如此，會放平心態，用寬容的心對待其他人。唯有寬容，才能表現出男人的真性情；唯有寬容，才最具氣場！

章節 7

責任與愛

　　男士的品味，不僅展現在穿著之上，更展現在為人處世之上。尤其但我們身處職場，如何對待工作，對待下屬，都會展現出我們的責任心；此外，對於朋友、家人、孩子的愛，也能夠塑造我們的充滿愛心的形象。責任心與愛，展現了男士對於事業和家庭的關心，更展現出了自身的品味和修養。

風度展現

什麼樣的男士，最能帶給人安全感，最讓人覺得有風度、有品味？

對於商業合作方來說，踏實、誠信的合作人，最讓自己信服；

對於下屬來說，信守承諾、勇於承擔的上司，最讓自己信服；

對於上級來說，不拒絕任務、又有思考力的下屬，最讓自己信服。

這一切，都可以用三個字概括 —— 責任心。

擁有責任心的男士，在遇到問題時不會逃避，反而成為所有人的精神領袖。一個唯唯諾諾、遇到問題只想逃避的男士，永遠不可能呈現出自身的風度，反而會被貼上「過於精明、沒有責任心」的負面標籤。即便他的穿著永遠合身，即便他的面容非常帥氣。

服裝、髮型，這是一個人的外在表現；責任心，則展現了一個人的內心涵養。唯有做好內外結合，我們才能散發魅力，才能突顯自身品味。

商業上的誠信

人無信則不立。對於一名男士來說，誠信直接衡量著自身的品行，是遊走商界的第一品牌。為什麼大品牌會受到從供貨商到加工企業再到消費者的廣泛讚譽？就是因為它們擁有誠信，讓誠信成為了自身的「金字招牌」。

在商業領域，我們經常會遇到各式各樣的問題。曾經有一個案例，非常具有代表性：

某年，某集團與國外某品牌合作。因為颱風緣故，某集團已經不可能按時將產品送至目的地。按理說，這屬於不可抗因素，某集團不必承擔相應責任。但是，集團負責人卻大手一揮，將海運改成了成本翻倍的空運，按時將產品送到了目的地。這件事後來被客戶知道了，非常感激負責人的誠信，將未來數年的訂單全部交給了某集團。而透過這件事，集團負責人不僅在商界樹立了自身形象，更幫助集團一舉開啟了海外市場。

在一個客戶面前誠信一次，那麼對方就會被我們所折服，會因為我們的誠信，而將你推薦給十個人。在這十個人面前你守信第二次，這十個人就會因你的誠信而把你推薦給一百個人……久而久之，所有商界人士說起你，第一時間想到的就是誠信，這時候所有業務都可以順利進行。對於商界人士來說，這就是我們的無形資產！這不是一套合身的禮服可以實現的夢想！

對於商界男士來說，誠信，就是自身的信用度。所謂信譽度，是指從社會信譽、經濟狀況、商品交易的履約情況等方面反映出來買賣遵約守信程度。一個人的社會信用度直接關係到其所從事的交易誠信度。只要平時言而有信，從不欺騙或是違約，那麼你的信用度就會自然而然地增加。而信用度的增加就意味著你是一個可靠的商界人士，任何人無論是買還是賣，誰不願意找一個信用度高的合作夥伴進行合作呢？如果你說得天花亂墜，而做起來又是另一套，只會讓人更厭惡、更看不起，何談為人的信用呢？不能誠信對待合作夥伴，我們怎麼可能在眾人面前展示自我風采？因為，只要被其他人貼上負面標籤，那麼幾乎所有高階的會議、聚會，都會將我們拒之門外！

誠信展現著一個人的行為，展現著一個人的品格，更展現著一個人的靈魂。真正的魅力男士，無不是一言既出、駟馬難追的真君子。所以，想要保持自身的魅力價值，就必須時時當心、處處留神，把信譽當作你最珍愛的寶貝來看待，不讓信譽蒙受一絲一毫的損失。

職場上的責任

想要在職場站穩腳跟，不斷取得進步，對於男士而言，上級始終是繞不過去的一道檻。無論我們的能力有多高，倘若始終無法讓上級感受到我們的魅力，那麼這就意味著至少在這家公司，自己很難再有出頭之日。

所以，想要在職場上展示出自我，就必須懂得做下屬的責任：

1. 多說 YES 少說 NO

在工作當中，我們時常會碰見這樣的情況：上司特地把你叫到跟前，詳細地安排一項任務給你。在上司安排任務的過程中，你了解到這是一件非常艱鉅的任務，需要花費你很大的精力和時間。這時，擺在你面前的有兩條路：第一，乾脆俐落的說「是」，然後向上司保證「我一定會盡快把它做好」；第二，思前想後，猶猶豫豫地對上司說「不」，然後底氣不足地解釋道「我恐怕不能勝任」。

儘管上司安排的這個任務難度較大，但是我們不能因此就回絕了上司。其實在這個時候，我們只需要乾脆地對他說「是」，然後盡自己最大的努力把事情做好就可以了。這時，你的上司心裡就會產生一種滿意感，進而還會對你產生謝意和更深的信任。

但是，如果你選擇了第二條，告訴上司你對完成這件工作沒有自信，上司恐怕也不會勉強你去做，但是你在上司心裡的位置也會就此一落千丈。一個連自己都不信任自己的人，又怎麼能指望別人去信任他呢？

2. 服從不等於「應聲蟲」

誠然，我們在強調應當服從上級的指揮，因為上司要你工作，要你實施他的口令，這是表達忠誠的直接方式。但是，上司同樣需要你的指正，同樣需要你的建議。你只乖乖地做一個應聲蟲，上司永遠注意不到你，甚至，你還會因為上司的失誤使公司蒙受損失，這時候上司反而會認為是你的錯，從而對你的印象大打折扣。

對於職場男士來說，在服從的基礎上，還應當勇於提出自己的意見。例如，上司的某個要求不符合客觀現實，我們可以在接受任務的同時，說出自己的看法，並做出更為精準的調整，這樣既讓上司看到了我們的能力。但是，如果與上司硬碰硬地爭吵，不僅無法使其看到問題在哪裡，反而還會認為這是「以下犯上」。如何糾正上級，這是需要方式方法的。無論如何，一味地去做「應聲蟲」，不僅無法得到上司的信任，有時還會對你產生反感，認為你是個如此一個「唯唯諾諾」的人，根本不值得大力栽培。

3. 認真對待每一項工作

職場混得久了，不免出現這樣的心態：對於一些簡單的工作十分消極，僅僅只是敷衍了事。也許我們會覺得，這些行為沒有人注意；但事實上，我們的敷衍會被上司一一記錄，並為此給我們貼上「沒有責任心」的標籤。

比爾蓋茲（Bill Gates）曾經說過：「一個對本職工作不肯盡心盡力，只是陽奉陰違或是渾水摸魚的人早晚會被別人替代或淘汰的。」職場即是如此，一次懈怠就有可能釀成大錯，讓所有人都懷疑你的能力，進而懷疑整個人。

看看那些我們所敬仰的富豪，他們中的絕大多數同樣也都是從為人打工開始，有的甚至還做過搬運工、清潔員這種讓人感到不屑的工作。但是，他們並未因此而感到消極，而是認真對待每一項工作，這才贏得了上級的關注，最終透過自身努力實現了事業的騰飛。所以說，不因工作的大小改變工作的積極性，這樣才能有機會讓上級看到我們，才能為自己贏得魅力展現的機會！

領導人的風度

員工需要風度，上級同樣需要風度，讓下屬感受到自身魅力。有了魅力與風度，我們才能發揮出發揮發揮影響力與號召力。對於上級來說，「言而有信」是最能彰顯自身風度的過程。倘若做不好，會立刻面對「牆倒眾人推」的局面。

林先生曾經是某公司的中階主管，他曾經和我分享過一個故事：

有一年，林先生帶領他的團隊迎接一場硬仗，為某美國品牌進行產品設計。任務開始前，林先生在動員會上表示：如果順利得標，會主動向董事會申請，全體成員 7 天的泰國行！團隊的士氣被激起了，最終透過一個月的加班，他們順利得標！三個月後，項目順利完結，所有人都以為會迎來一場輕鬆的泰國遊，但林先生卻因為工作忙碌，將這件事忘記了。在一次聚會上，有下屬小心翼翼說起了此事，他卻一臉茫然：我怎麼不知道？

這件事，讓所有下屬無不敢怒不敢言。在年底的企業內部評分上，林先生不幸以倒數第一的排名，離開了職位。這時候，他才意識到：自己曾經不經意的一次風度盡失，為自己的職場之路帶來的是災難性的後果！

那麼，我們該如何做，才能避免重蹈林先生的覆轍？

1. 沒有把握的事情不要許諾

想要做到「一言既出，駟馬難追」的一個重要方面，就是沒有把握的話絕對不要說，有把握的話，在不適當的場合下也不要說。特別要注意的，就是千萬不要輕易許下諾言，也就是「不輕諾」。例如你對下屬說「明年薪資漲 2,000」、「明年我買車給大家」的語言，也許你認為這只是玩笑，但說者無意聽者有心，到時候你沒有實現這些諾言，那麼下屬勢必會對你感到失望。

「不輕諾」，這是說話算數的基礎。輕率許諾者，必是少有信譽的人。因此，與其最終成為失信的人，不如一開始就不對人許諾。

不僅是在職場之中，在生活上，身為領導的我們也應如此。我們明白，一個人的信用越好，就愈能成功地開啟局面。而良好的信用恰恰展現在說話和辦事上。也許別人不經常找你辦事，怎樣給對方守信的好印象，那就是好好履行你說的每一個字，因為生活總是照顧那些講話算數的人。

2. 將說過的承諾書面記錄

身為主管的你，在職場之中必然有很多事情要處理，既要面見客戶，又要管理下屬，同時還要制定相關的企業政策，因此事情一多，不免對於某些細節會出現遺漏，尤其是對於下屬的許諾，更會出現一時忘記的情況。然而下屬因為地位的關係，很難直接提醒你，當他們得不到你的承諾時，自然會感到一絲不滿，對你產生反感。

所以，為了保證自己的誠信，那麼當你對下屬許下承諾的時，一定要在當天予以記錄。如果自己不方便，那麼可以讓助手幫你記下，然後告訴他等到下屬成功時提醒自己。這樣一來，你自然就會做到說話算數，不讓下屬感到失望。

3. 失去誠信時，要積極向下屬道歉

說到了就必須要做到，這是你贏得下屬好感與信任感的前提。但是有的時候，我們因為一時大意，忘記了對下屬的承諾，比如你答應下屬下班後一起去吃飯，但是因為其他的事情，你忘記了此事。當你想起時，一定要打電話向下屬道歉，或者到第二天上班時，親自跟下屬解釋。只有這樣，下屬才能化解心中的芥蒂，重新對你產生好感。

在失去誠信時，主管最忌諱的就是一聲不吭，或者冷淡地說一句：「不就是忘記了嗎？」那麼，下屬勢必會對你無比厭惡，甚至出現跳槽的心態。

責任展現於管理

當我們身處管理職位之時，更加渴望塑造自身魅力，這樣才能服眾，才能讓下屬折服，更加展示自身的威嚴。

但是，很多男士卻做不好主管的工作。究其原因，不外乎是太過強勢，下屬感到了被輕視；氣度太差，從不願意接受下屬的建議；做不到公平公正，很容易出現偏向的情況。

這一切，無不暴露了一個問題：責任心不足。領導層的責任，不僅在於塑造自我形象，更在於透過有效的管理方式，打造一支團結的內部團隊。團隊成員對我們的管理讚賞有佳，那麼我們的形象自然高階、有魅力；反之，團隊成員對我們的管理意見頗多，那麼我們必然不能讓他們留下積極的印象。

所以，在提升責任心之時，不可忽視對於團隊的管理和營運。

公平公正，展現職業責任道德

身在管理職位，首先要做好的工作，就是協調員工之間的關係。老員工與新員工之間是否有矛盾，遇到矛盾能否有效調解皆大歡喜，這都考驗著我們的責任能力。做到了，員工自然被我們折服；做不到，所有人都會對我們產生輕視、誤解，認為我們無法勝任管理工作。

1. 巧妙化解新老員工的矛盾

不少企業都存在新老員工有矛盾的問題。很多主管面對這類問題，通常都會偏向老員工，但這種方法不僅不利於矛盾的化解，反而會讓自己的形象大跌。拉幫結派、打壓新人，這類領導很容易被貼上這樣的標籤。

想要化解新老員工的矛盾，正確的方法應當是：請將兩人分開接見，避免兩人當面爭吵，使事件更形白熱化。單獨接見時，請對方平心靜氣將事情始末敘述一遍，但不要加以批評，只著重淡化事件就好了。

每個人在訴說內心時，必然都會朝著向自己有利的方向進行闡述，對對方進行或多或少的攻擊。此時，我們應當進行調查，分辨他們的解釋。找到了問題所在，將答案放在心中即可，不要公開指出誰是誰非，以免進一步影響兩人的感情和形象。我們不妨私下和有錯的一方進行交流，說出對事件的看法，然後將兩人叫到一起，明確地說明：「我已經曉得事件的真相，我誰也不批評，但是希望你們化干戈為玉帛，為了公司的利益精誠合作。」只有這樣，新老員工才能心服口服，認為處理結果較為公平。

2. 公平對待離職下屬

職場中，員工的流失是非常正常的一件事。如何面對即將理智的下屬，同樣考驗著主管的風度和魅力。因為，我們如何對待離職員工，會被其他下屬看到眼中。倘若我們對離職員工冷淡、漠然乃至挖苦諷刺，勢必會讓自身形象大打折扣，其他下屬會如此認定：這是一個心胸狹窄的上司，在他的手下工作，絕沒有出頭之日！

面對即將離職的下屬，正確的做法應當是：了解他離職的原因。如果是因為家庭原因，那麼我們應當積極幫他出謀畫策，看看能否有轉機；如果是因為要自己創業，那麼不妨送上祝福。更需要注意的是，如果下屬還有獎金未發放，那麼應當著其他下屬的面，將這份獎金及時給予對方。這樣，我們才能塑造自身高大上的形象，帶給其他下屬這樣的印象：這是一名大度、充滿魅力的主管！這樣的主管，更是自己人生路上的精神導師和榜樣！

用氣度提升責任與魅力

氣度，最能彰顯主管的魅力。什麼是氣度？是勇於向下屬道歉、勇於接受下屬的意見、勇於主動承擔責任。只有這樣的上司，才能收穫下屬的尊重。

1. 主動化解尷尬

職場工作中，上司有時候不免會因為批評下屬而口氣生硬，甚至有時候口不擇言，傷害了下屬的自尊心。面對這種情形，我們需要做的，就是放下架子，主動向下屬道歉。我們可以在私下場合，想對方表示自己的語氣過重，用真誠的態度贏得下屬的理解。表面上看，這樣做似乎與主管的定位相違背，但事實上，這種舉動才能展示內心的氣度，對方會感受到誠意，更加信服我們。

2. 樂於接受下屬的意見

部分男士在升遷主管之後，內心會出現一定的波動，產生飄飄然的心態。遇到下屬提意見之時，不免會認為這是挑戰自己，因此不加分析地做出否定。這種心態，顯然不是一個成功主管所應有的，很容易被貼上「心胸狹窄」的印象。

身為主管，必須學會傾聽不同的聲音。因為，這些聲音並非全是「雜音」，有的甚至是非常好的建議，採納了，會使自己的組織受益匪淺。倘若我們做不到這一點，總是一味打壓下屬，那麼對方會認為你是個氣度如此小的人，久而久之，必然會選擇離職。長此以往，越來越多的優秀下屬都會離你而去，我們的職場之路不僅越走越窄，還會被貼上諸多負面標籤，人氣、形象盡失。

3. 勇於為下屬承擔責任

很多部門都曾出現過這種情形：因為某個員工的失誤，導致項目流產。面對這樣的情形，身為部門主管的我們，挺身而出，主動在董事會上替下屬承擔責任。如果只知道把責任推給下屬，甚至還落井下石，必然導致自己失去威信，丟了民心。所以，即使是下屬的過失，主管也應該站出來承擔責任，比如指導不當、沒有做到很好的監督等，這更顯現出你的高風亮節，表現出過人的氣度。

當然，一味地攬責任並不是優秀主管的所作所為。面對董事會主動扛責，在團隊內部會議上指出問題所在，督促下屬做出改變，這樣我們才能得到下屬、董事會的稱讚，樹立高階的職場形象。

威信，來自於細節

威信，是主管必須擁有的特質。沒有威信，所做的決定不能得以貫徹；沒有威信，就無法帶領團隊成就輝煌。

然而，威信的形成，並不在於我們的高高在上和惡意打壓。這樣做，只能加速自身形象的崩潰。想要樹立威信，我們必須從這些細節入手：

1. 站在下屬的角度堅持原則

威信並不是讓人懼怕，而是讓人服。在樹立威信的過程中，應該以溫和的態度與下屬接觸，同時秉承公事公辦的原則。例如，當下屬發生嚴重錯誤時，一定要根據規章予以處理，但在這之前一定要第一時間找下屬進行深談，既要批評錯誤又要幫助他，盡可能了解下屬的需要以防再發生類似事件。「對事不對人」，這是與下屬交流的原則，站在下屬的立場上幫助他解決問題、提升能力，這樣下屬才會心服口服，願意接受你的批評教育。

2. 適當保持距離

想要與下屬建立親密的關係，就必須傾聽下屬、理解下屬。但是，這不等於我們必須和下屬「勾肩搭背、無話不談」。上司與下屬的交往不可喪失原則，「疏者密之，密者疏之」，這才是掌握成功管理、樹立成功威信的祕訣。否則，下屬會將我們的話當作耳邊風，所做出的決定根本無法執行。

尊重下屬，才能收穫尊重

想要獲得下屬的尊重，我們必須學會尊重下屬。在公司中，下屬同樣在創造著價值，即便能力與我們相比還有欠缺，但他們同樣是企業進步的構成。所以，尊重下屬，才能展現自身風度，讓下屬感受到我們的溫暖。

1. 適當給予下屬自主的權力

主管的工作，在於高瞻遠矚，在於統籌，在於激發每一名下屬的活力和能力。所以，我們應當適當給予下屬自主的權力，給予他們展示自我的舞台。聰明的主管善於這樣說：「我支持你怎樣去做」，而不是「我批准你怎樣去做」。如果你能適當放權，讓下屬自主進行工作，那麼下屬就會感到你的信任，從而體會出你對人才栽培的體貼。有了自主的權力，他們也願意爆發潛能，不斷創造奇蹟。

2. 幫助下屬解決生活問題

無論員工的能力如何，他們在公司工作都有一個共同的目的：生存。如果一個人「身在曹營心在漢」，整天為生活而煩惱，你想讓他專心做好工作是很困難的。只有在生活有保障的前提下，人的創造力才會得到最好的發揮。而身為主管的你，在能力所及的範圍內為多為下屬多解決生活問題，他就會感到你的體貼，願意長期為你工作。因此，為下屬做好安定的生活保障，這是贏得下屬尊敬與喜愛的有效方式。

3. 讓下屬感受「家的溫暖」

在日常工作中，主管要讓下屬盡量感受到「家的溫暖」。因此，我們必須了解每個下屬的名字、家庭狀況，適時給予他們問候，讓他們感受到被關心和重視。同時，你還可以在特殊時間，為下屬帶來不一樣的關懷。例如藉助下屬的生日、工作周年紀念日、調動、升遷以及其他重要的事情，大家慶祝一下。藉著這種寬鬆的氣氛，你可以趁此機會說幾句讚美的話，讓下屬感受到你的關懷，這樣，他就能對你產生一種濃厚的情感。

如何做好管理工作，這是考驗男士的重要課程。做好了這一點，我們不僅會讓下屬感受到我們的魅力，更讓董事會對我們欣賞有佳。當所有人被我們的魅力所征服之時，未來的職場之路，怎麼可能不是一片光明？

對朋友付出更多的愛

男士魅力的展現，不僅針對初次見面的陌生人和等級較高的正式場合，對於身邊的人，我們同樣需要給予足夠的愛與關懷。因為，透過與陌生人的接觸，他們對我們留下了深刻的印象；隨著不斷交流的深入，陌生人成為了朋友，最終發展為摯友。而在初次交流之後，倘若我們與對方的友誼不能繼續，就意味著初次良好的互動化為烏有，魅力僅僅只是一次遙遠的記憶罷了。

所以，即便對於我們已經非常熟知的朋友，我們同樣需要展現品味與風度。當所有人都對我們留下了深刻的印象，這時候我們的魅力塑造才是完整的。摯友為我們介紹新的朋友，我們用風度征服了對方，這樣我們的人脈圈才能越來越廣。所以對於朋友，我們同樣需要以初次相識時的熱情和尊重，給予對方不斷的愛。

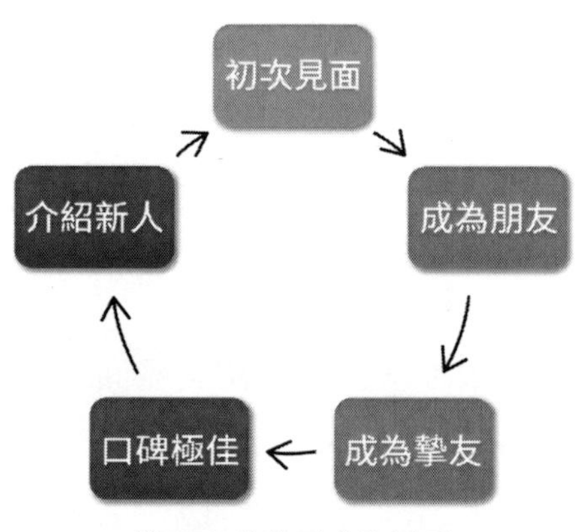

讓朋友的發展成為循環

與朋友保持聯絡

在正式場合，我們憑藉著得體的服裝、優雅的談吐，讓他人留下了深刻的印象。為此，我們彼此交換名片，正式成為對方社交圈子中的一環，開始成為朋友。但是，如果長期不再聯絡，那麼這種關係就會逐漸變淡，甚至在此淪落為陌生人。所以，一旦建立社交關係，那麼就應當經常進行聯絡，這樣才能展現出自身的風度。

1. 主動聯絡朋友，關心朋友

初次見面後的重要節假日，我們應當及時為對方發送祝福簡訊、郵件等。倘若對方表現出了心事重重，這時一定要表示關心。

對於男士之間，我們可以邀請對方到典雅的茶社、酒吧，在輕鬆的環境中陪對方訴說心事；而對於女士，我們則可以邀請其參加音樂會，藉助音樂的力量讓對方的情緒得以發洩、緩解。你的幫助和鼓勵，朋友自然也會看到眼裡，對你產生信賴、依賴之感，認為你是一個懂禮儀、細心觀察的男性。當你遇到問題時，他也會毫不猶豫地伸出援助之手。

2. 別忘了感謝朋友

當我們因為某件事求助對方，即便對方最終是否能夠幫助我們度過難關，都必須第一時間對對方表示感謝，這是社交的基礎禮儀。只有表現出得體的態度，對方才能感受到我們的魅力。電話、電子郵件、感謝卡，都是非常不錯的選擇。這樣做，會讓對方更加了解你，願意與你繼續保持聯絡。否則，對方認定你結識對方僅僅是因為利益，就會對這份感情感到不安。我們與對方建立友誼，為的是長久的互惠關係，而不是一次特定的目的。

3. 距離再遠，也要保持聯絡

商務男士平常工作非常忙碌，或是在辦公室加班，或是出差，因此很多時候與朋友見面的機會並不多。即便如此，我們同樣應該定期與朋友保持聯絡。友誼也是有溫度、需要呵護的，長久不關心，彼此的感情勢必減淡。如今的通訊非常發達，電話、簡訊、社群平台等極其便捷，即便無法見面，也可以透過此與對方進行互動交流。倘若我們做不到這一點，那麼遲早有一天你會發現，你的身邊再沒有朋友了。

主動幫助朋友

任何人都會遇到問題，而朋友一旦身處不如意之時，就應當立刻身處援助之手，幫助他走出困境。主動幫助別人，是一種充滿愛心的展現，更是風度翩翩的姿態。倘若我們養成熱衷幫助朋友的習慣，那麼一旦我們遇到問題時，對方也會第一時間站出來，幫助我們走出困境。

1. 言行溫暖朋友的心

當朋友遇到困難時，我們暫時又無法提供足夠的資金，這個時候，我們就應該利用言行溫暖朋友的心，哪怕是一句話、一個詞、一個字甚至一個簡單的手勢、一個帶有色彩的眼神，就能讓對方心領神會。做，也不要多，帶一個便當、洗一件衣服、拍拍對方身上的灰塵，理理對方的頭髮，就能把甜蜜灌進彼此的心中，讓心陶醉、讓身體有著用之不竭的活力。當他傷心時，給他鼓勵、給他體貼，分減他的悲傷，在你的溫暖關懷中，他癒合了心靈的創傷。你在他犯錯的時候對他的訓罵，反而會讓他感到絲絲的甘甜。

2. 指出朋友失誤原因才是真朋友

朋友遭遇打擊時，我們當然應當極力幫助，同時也不要忘了為朋友分析失敗的原因。如果是因為朋友自身的缺點造成，那麼我們應該直言相告，而不能為照顧他的面子講虛假的兄弟義氣。如果你怕說重了影響你們兩個的感情，放任好朋友的錯誤行為繼續發展，只會害他越變越壞，最後不可收拾。如果任其發展，那才是不夠朋友。所以，建議你嚴肅地和他說一說，指出他的錯誤，如果他無法聽進去，可以找其他朋友一起協助。

3. 幫助不可超越道德法律底線

幫助朋友是好，可是我們也不要忘了，這份幫助不能超越道德和法律的底線。否則，這樣不僅不是幫助朋友，反而是將朋友往火坑裡推。等朋友將來幡然悔悟時，甚至還會認為：這一切都是因為你。

風度化解與朋友的尷尬

朋友之間的交流互動，不可避免會因為各式各樣的誤解，彼此之間出現隔閡或尷尬。面對這樣的局面，我們應當大度一點，主動站出來解決問題，這樣才能盡顯男士的胸襟與魄力。

1. 遇到問題積極溝通

生活中，有時候我們難免會因為不小心傷害了朋友，這個時候，我們應該主動尋求解決方法，而不是等著朋友來找自己。試想，你做錯的事情，卻要求朋友來找你，這樣的行為合適嗎？

所以說，當與朋友出現摩擦時，你就應積極主動，化解其中的誤會。如果你一味地逃避，和朋友斷絕關係，甚至把所有人都看成「叛徒」，不但問題得不到解決，反而會進一步惡化人際關係，也讓自己的內心極度痛苦。你應該和朋友心平氣和地談談，解釋清楚其中的原因，這樣就能盡快消除隔閡，甚至會加深友誼。

如果你們的摩擦是因為朋友洩露你的小祕密產生，那麼也不要總是嫉恨朋友，不要總把自己當成受害者。你應該想一想，為什麼朋友會洩漏自己的祕密，是不是自己也做過類似的事情？透過反省，你就能找到問題的癥結。總之，別對朋友要求太高，朋友畢竟不是父母，不能總要求他們為自己做什麼，苛求朋友也是自私的表現。

2. 第一時間解決問題

一旦與朋友出現摩擦，那麼在等到對方脾氣逐漸降低之時，要以第一間用簡訊、電話、LINE 等取得聯絡，說明雙方出現摩擦的原因是什麼，然後盡量去解決問題。畢竟雙方身為朋友，彼此都很珍惜對方，所以這種和解方式很容易操作，而且還能更加促進對彼此的了解。一般來說，與對方進行聯絡，不要超過 24 個小時。

3. 站在朋友的角度考慮問題

我們總對朋友有各種要求，很重要的一點就是總以自我為中心。那麼想要改變這個習慣，我們就應該學會從朋友的角度考慮問題。

和朋友在一起時，我們一定要記住兩個字：平等。可以說，平等是友誼的基礎，是維護友誼的紐帶。哪怕你的條件再好，也不要看不起境況不好的朋友，更不要對他指手畫腳，表現出一種居高臨下的態度。因為這樣，不僅會讓你失去朋友，還會失去特殊的稀缺資源，對你交際圈的發展是不利的。

4. 配合對方想要和好的想法

有些時候，彼此之間出現矛盾，主要原因在於對方。倘若雙方經過冷靜，對方表現出來想要和好的想法時，自己也不要端著架子，適當配合一下對方的情緒，找適合的機會把矛盾說開了，各自退一步，很容易再次恢復友誼。這樣做，也有利於樹立自己大度的氣質，會更加讓所有人信服。

照顧朋友的面子

每個人都需要面子，尤其是朋友。所以在與朋友的交往過程中，尤其是與朋友共同出席正式場合時，我們更要注意自己的言行，盡可能學會照顧朋友的面子。

1. 學會正確照顧朋友的面子

交朋友，要懂面子，首先就是要懂得如何照顧朋友的面子。倘若你自恃自己的面子大，不把別人放在眼裡，碰上死要面子的朋友，可能就不吃你那一套，甚至可能撕破臉和你唱反調，這樣做的結果，只會讓你失去一個朋友，絕沒有半點好處。

面子爭起來是很可怕的，常常會以「以牙還牙，以眼還眼」的方式爭鬥。有些人就是這樣：無論恩仇，都要回報，因為，老子早就說過「來而不往，非禮也」，不但要回報，而且回報的級別，往往大於給予者。人敬我一尺，我敬人一丈。同樣，你傷了我的面子，我一定要還以顏色。可是在爭鬥過程中又能得到些什麼呢？最後，只能是兩敗俱傷。

2. 學會自降身分讓朋友感到「有面子」

有的時候，我們的身分會比朋友高，因此說起話來有時不免會讓朋友感到「刺耳」，感到丟了面子。其實在這種朋友面前，我們不妨自降身分，給他一個面子，讓他欠你的情，這樣他就會感到你有恩於他，自然對你的好感大大加深。

朋友交往時，拉下自己的面子給別人，其實無異於補一下朋友的面子。更通俗點，就是往朋友臉上貼金，貼金的事，不會有人拒絕，朋友只會高興，只會感激你。比如說，你有喜事臨門，朋友來向你道賀，你不妨說，「沾你的光，託你的福。」這樣一說，就使你自己的光彩暗些，朋友的面上則光亮些，何樂而不為？

愛的標籤

2013 年，一檔關於父親的真人秀節目正式推出。隨後數年，這檔節目不斷創造收視奇蹟，觀眾在看到明星真實生活的同時，也對那些曾經那些高高在上的明星們有了全新的認識。這些男明星不僅收穫了事業的巔峰，同時還吸引到了更多的粉絲。

為什麼，透過這檔節目，這些明星的形象會更加飽滿，更受粉絲的喜愛？因為他們第一次不再活在聚光燈下，和孩子們歡聚在一起，展現出了生活中最真實的一面。和孩子們互動，與孩子們交流，這些明星一下子變得與現實近了很多。

簡而言之，透過這檔節目，這些男明星展現出了內心最真實的愛。

正是因為愛，所以他們的形象更立體；正是因為愛，他們的風度更瀟灑；正是因為愛，他們才顯得更有品味。

其實，對於男士來說，能夠在日常生活中表現出愛的一面，這會對自身形象產生非常好的影響。在大眾面前展示出對妻子的體貼，在親子會上表現出對孩子的尊重，在家庭生活中流露出對父母的感激，這一切都會被其他人所看到、所喜愛。一個對家人充滿無盡愛的男士，必然是內心情感豐富、細膩的人。這樣的人，怎麼可能沒有魅力？

所以，想要展現出自身的風度和魅力，讓愛成為標籤，這是男士必須懂得的道理。

對父母充滿愛

工作忙碌，不免忽視了父母的愛。有的男士甚至離家千里，一年見不到父母幾次。但是，這不等於我們不能對父母表達關心。無論我們離家近在咫尺還是遠隔千里，這些小事都是我們可以為父母做到的：

1. 為父母做一碗粥

當我們回到了久違的家裡，看著漸漸衰老的父母，心裡自然有一絲酸楚。這個時候，我們不妨為父母烹飪一碗精心調配的粥。我們可以在粥裡，適當加入芝麻、核桃、糯米、蜂蜜、甘蔗等，達到滋陰潤肺養血的作用。

2. 多和父母聊天

回到家裡，我們不要再忙碌那些無關緊要的事，而是應當和父母坐在一起聊天，說說你最近的情況，問問父母的健康。透過聊天，父母不僅會感到他們存在的價值，還要讓他們感到年輕人的心裡始終裝著他們，這樣長期堅持下來，父母的心靈就會產生莫大的慰籍。同時，和父母經常聊天，甚至還能防止父母出現老年痴呆的情況。

3. 為父母過一次貼心的生日

無論我們的工作如何忙碌，有一天我們必須趕回家裡，那就是「父母的生日」。當然，為父母過生日並非說兩句祝福、大擺一桌這麼簡單。給父母過生日，我們一定要投其所好。如果父母喜歡遊山玩水，那就送他們一次七日遊；如果父母身體欠安，那就送他們兩盒營養品；如果父母喜歡熱鬧，那就飯店裡訂上一桌，一大家子其樂融融…….

總之，無論用什麼方式，你一定要做到：父母生日那天及時趕回家裡。否則，你有多麼好的慶祝方法這無濟於事。

4. 及時與父母電話溝通

也許真的是因為工作原因，我們離父母的距離非常遠，很難做到「常回家看看」，這個時候，我們就要保證與父母經常電話溝通，問問家裡最近的情況，順便也談談自己的工作，讓父母了解你不回家也是有原因的。同時在電話裡，你應當多說話，不要總是做一名「聽客」，不假思索地說著「對對對，好好好」，這樣父母就會感到你是在敷衍自己，從而感到一絲不被理解的落寞。

一般來說，你與父母的電話溝通應保證每週一次，即使工作再忙，也不能找藉口推辭。

對孩子充滿愛

對於有了孩子的男士來說，如何形成良好的家教，直接關係著我們的做人、做事風格。尊重孩子的隱私，願意聆聽孩子的心理話，尊重孩子的選擇，這些都能表明我們是一個有愛心、懂得寬容、懂得變通的男士。倘若我們在孩子的眼中都做不到形象高大，更不要說在其他人的面前展現魅力。

1. 透過合理的的途徑了解孩子的「隱私」

父母想要了解孩子內心的想法是可以理解的，但是偷看孩子的日記卻不是什麼好辦法。事實上，父親平常只要細心觀察孩子的一舉一動，就可以看出孩子的想法變化。愛子之心無論多麼迫切，也一定要克制住衝動，千萬不要採取偷看或干預孩子隱私的辦法，否則將會適得其反，因為如果你沒有充分表現出對孩子隱私的尊重，孩子當然也不會從內心去尊重你，這樣一來，親子之間只會越來越疏遠。

2. 聆聽孩子的言語

在與孩子的平常交流時，首先我們應當學會聆聽，做一名合格的聆聽者。在這個過程中，我們也要注意方式方法，盡量不要工作，關掉電視和忘掉電話及其他分心的事，用眼睛注視著孩子，表示是真心在與他接觸，每天都要為孩子提供與他們單獨接觸的機會，哪怕只用幾分鐘，可以對孩子說：「我們一起散會步」，或者說：「讓我們去小房間單獨在一起談談。」

3. 理解孩子的言語

當你和孩子討論某個問題時，孩子有時難免會出現激動的情緒，這個時候，你應該尊重孩子的想法、理解孩子的心情、傾聽孩子的訴說，在孩子想要發表自己的想法和觀點時，給予積極的賞識和尊重。

理解孩子的言語，不僅可以進一步鍛鍊孩子的思考意識和表達能力，而且可以透過傾聽孩子的觀點，發現和了解孩子的真實想法，從而糾正孩子成長過程中的一些錯誤思想。

4. 尊重孩子的選擇

要想孩子尊敬父親，那麼，父親也要學會尊敬孩子，因為尊敬都是雙向的。當孩子追求新時尚、新潮流時，父親應該尊重孩子的文化選擇和文化偏愛。因為全社會都給予流行文化適當的位置，父母更應具有寬容孩子文化偏愛的心態。否則，孩子就會認為你是故意「找碴」，從而對你產生抗拒的心理。

對愛人充滿愛

夫妻之間的愛，是更為純粹的愛情和親情。對於魅力男士來說，無論工作如何繁忙，都不會缺席對於妻子的愛。為妻子送上生日禮物、公開場合保護妻子，這些都是表面文章，想要做到真正的愛，必須從這些細節入手：

1. 不要總是嘮叨，把話放在明處

現實中，有很多妻子喜歡嘮叨，她們認為，這是一種提意見的方法。然而，嘮叨和正式提意見是不同的，向配偶正式提意見是使配偶明確地知道自己的不滿，從而引起注意，然後改正；而嘮叨則主要是一種情緒宣洩，並不真正解決問題，而且還會破壞已有的家庭氛圍。所以，避免嘮叨，這是保持「愛」的一個重要方法。

如果因為某些問題自己真的有意見，那麼不妨把話放在明處。有的人只是一味地對配偶無原則地遷就，並不把自己的不滿明確地告訴對方，而事後再嘮叨，抱怨，這樣反而會使事情複雜化。

2. 夫妻之間要經常溝通，加強理解

在清晨或在睡覺之前，夫妻坐下來可以交談一下家庭計畫、困難、意見分歧、誤會以及其他生活方面的問題，儘管這些事情只是生活瑣事，但是一旦交換意見的習慣逐步建立

起來，婚後生活中發生的摩擦與緊張狀態就會輕易地得到緩和。要明白，溝通和理解是通往愛的橋梁，此路暢通，夫妻感情才能通。

3. 傷感情的話不要輕易說出口

儘管夫妻關係的建立，說明了你們之間再無間隙，但是，我們還是應當注意言語，說話方式方法要講究。因為有些話會深深傷害對方的心，使雙方的關係出現裂痕。

即使你和配偶之間出現了爭吵，你也應當記得：不管自己有多生氣，也不要說出傷感情的話，這些話一旦說出去，就如同一把利刀插在了對方的胸口。當對方感到了被傷害時，他或她也一定會對你感到失望，對你的好感大大降低。

最後，需要說明的是：我們對父母、對孩子、對妻子所做的這一切，並不是為了讓別人看到，用刻意的姿態贏得別人的好感。我們這樣做，是為了真正懂得什麼是愛、如何去愛。我們可以對家人表現出愛，那麼當面對更多的其他人之時，又怎麼可能不會展現出愛的風采？

章節 8

男人的形象成敗於細節

男士的魅力與形象，更展現在細節之處。無論在正式場合，還是與異性交流的過程中，倘若不注意細節，例如指甲過長、說話不懂得分寸、稱呼上沒有注意，很容易讓人留下不好的印象。細節之處做到盡善盡美，我們才能真正塑造自身的高級形象！

從細節展現魅力

從服裝、面容、禮儀、情緒各個角度，我們找到了全方位塑造魅力男士形象的方法。做到了這些，我們可以幫自己打八十分，剩下的二十分，則集中於細節之處。做好了細節，我們才能真正散發出迷人的魅力，散發出讓人無法忘記的親和力！

尊重他人

尊重他人，這是待人接物的基本原則，更是塑造自身形象的必經之路。唯有尊重他人，對方才願意接受我們的價值輸出，與我們進行心靈上的交流。

但是，想要真正做到尊重他人，這並不是一件容易的事，並非簡單的言語客氣即可達成。想要讓他人感到我們的內在魅力，就必須從點滴之處入手：

1. 學會了解他人

只有了解對方，才能做到真正的尊重。譬如，對方的興趣點是垂釣和戶外旅行，我們卻滔滔不絕地分享保齡球技巧，那麼對方怎麼會感受到你的誠意？所以，在進入深度交流之前，必須了解對方的各個方面，生活習慣、生活經歷、興趣愛好……唯有切中他的痛點，交流才會有的放矢，才會讓對方對我們產生信任。

2. 學會適應並影響對方

了解對方的習慣，目的在於可以適應對方。透過對方所感興趣的話題入手，在給予對方積極回饋的同時，提出自己的意見，這樣反而更容易贏得他人的好感，讓對方感受到我們的魅力。

例如，對方是一名國際橋牌愛好者，在經歷了一番分享之後，我們如此說道：「我也在一家俱樂部，雖然我們的水準有限，但是積極性都很高。不知您下週是否有空來我們俱樂部指點一番？」得體的語言，會立刻贏得對方好感，並與之建立更多的交流機會。接下來，更深層次的交流便水到渠成。

3. 不要嘲笑對方的缺點

即便我們面對的人，是非常熟知的朋友，也不要因此而嘲笑對方的缺點。記住，無論任何場合，都不能嘲笑。每個人身邊都會有很多朋友，而能否尊重朋友，這同樣影響著你的人際交往能力。

為什麼要這樣做？因為每個人都有不同的情緒，即便對方性格開朗，也有可能因為一句不好聽的話感到受傷害。尤其是公共場合，朋友的缺點恰恰不希望暴露，但如果我們口不擇言，必然會讓對方感受到受傷害，從此對你產生負面的評價。即便彼此的關係非常親密，嘲笑都是一種傷害，是一種不尊重。沒有人喜歡與不尊重自己的人做朋友。

交際場合的細節

充滿魅力的男士，身在交際場合之中，似乎渾身都是完美的。他們之所以擁有強大的氣場，就在於無論大原則還是小細節，都做到了盡善盡美。以下的這些細節，我們同樣不可忽視：

1. 一次令人難忘的寒暄

想要在正式場合快速開啟局面，就必須來一場漂亮的自我介紹和開場白。交際高手總是精於此道．而交際菜鳥也總是會敗在不及格的開始。現在我告訴你一些最基本的常識：

擁有良好的形象，這是散發魅力的前提；做好這一點後，在進行自我介紹之時，不僅說出你的名字和職位，還要及時地告訴別人你做些什麼，正準備做什麼，或者已經做過了什麼，並且在寒暄的過程中尋找共同興趣。讓他對你有一個初步的定位，彼此才能順利地對接。

例如，你的職業是一名私人理財顧問，這時候面對一名企業主管，不妨這樣說道：「嗨，X 先生，我叫 XXX，是一名財務私人顧問。我為富翁做投資保險計畫，讓他們無憂無慮地享受生活，希望我們有機會合作！」這種開場白，就顯得非常得體，最後一句話還會讓對方感覺很舒服。

但與之相反，倘若我們的開場白是：「您好，我叫 XXX，是一名私人財顧問，是為有錢人服務的工作。」這種語言就非常不合時宜，因為對方會感到被侵犯。很小的細節，卻展現了自身完全不同的價值。

2. 確保最佳的出場狀態

運動員在正式比賽開始前，都會進行長時間的熱身訓練，將身體調整到最佳狀態。同樣，一個充滿魅力的男士，在社交活動正式開始前，也會不斷地進行狀態調整。不管是出席會議，還是參加普通交際活動、酒會、商務會談，都要將自己認真地收拾一番，換一身最適合的衣服，以最貼切的形象出場，這是我們都必須做的功課。這就是為什麼，那些充滿魅力的男性，無論什麼時候見到他都是神采奕奕。因為他們在我們休息的時候，已經進入了狀態調整的階段！

3. 耐心傾聽

與他人交流，講究的是互動，而不是一個人單方面的喋喋不休。所以，學會耐心傾聽，這同樣是人際交往的藝術。聽，也是一門學問，給別人說話的權力，對方才會感到受尊重；而當你表現出耐心時，他們會更加對你產生信任。態度越認真，傾聽越投入，人們就越喜歡與你交談，誰會喜歡一個在自己說話時漫不經心的人呢？當你學會做一名合格的傾聽者時，也許你並不一定需要多說，但是你的形象已經被對方牢牢記住。

需要特別提醒的是：在傾聽之時，請停下手中的小動作，盡可能看著對方的眼睛。這樣，對方才能感受到你的真誠！

4. 學會趁熱打鐵

交換名片，只是交流的開端。不要忘記在次日發一封 Email 問候一下，讓對方對你有深刻的印象，因為沒有人會拒絕問候。同樣，在重大節假日的時候，發送一條祝福語音給對方，會讓自己的形象更為飽滿！

別忽視指甲

指甲雖小，卻同樣透露著禮儀、儀表的細節。尤其在正式社交場合，每當與別人握手、簽署合約、演示軟體或為別人遞拿東西的時候，手作為職場形象的一部分，被看見的機率是很高的。試想，倘若指甲縫裡都是泥，那麼無論我們擁有怎樣英俊的面孔，衣裝如何得體，又怎麼能讓人留下良好的印象？所以，指甲的細節，千萬不可忽視。

1. 勤洗手、勤剪指甲

對於男士，可以定期幫指甲施工，保證指甲乾淨有光澤。同時，必須做到每週修剪一次指甲。修剪指甲時需要認真投入，做到不毛躁。有一個習慣，是我們必須杜絕的：留小拇指指甲。部分男性會把其餘四指指甲修剪得體，單單小指指甲留出頗長的一節，這種形象在別人眼中非常不好。

2. 藉助手套保護指甲

倘若需要參加重要的會議，那麼在會議開始前，不妨帶一雙乾淨的手套，這樣我們就能有效避免汙漬鑽入指甲縫中。

3. 保養自己的指甲

要想使指甲長得好，一部分因素在於遺傳，另一部分則在於日常的保養，有很多種產品都可以使你的指甲更結實。並且，能夠讓男士們的指甲從粗糙變得自然。

4. 消除指甲汙垢

一旦發現指甲中有汙垢，應當及時進行修剪。最有效的方法，就是立刻剪短指甲。

8.1.4 菲爾博士的 36 個細節法則

菲爾．麥格勞（Dr. Phil McGraw）博士，美國一個著名訪談類節目《菲爾博士》主持人。如何從細節之處塑造獨屬於自己的男士魅力？他透過節目不斷挖掘、總結，最終提出了「36 條法則」。這些法則，無一例外都是從細節處入手，堪稱魅力男士的細節手冊。在此分享給大家，從中找到自身的不足並做出改變，魅力自然水到渠成。

1. 長相不令人討厭。如果長得不好，就讓自己有才氣；如果才氣也沒有，那就總是微笑。
2. 氣質是關鍵。如果時尚學不好，寧願純樸。
3. 與人握手時，可多握一會，真誠是寶。
4. 不必什麼都用「我」做主語。
5. 不要輕易向朋友借錢。
6. 不要「逼」客人看你的家庭相簿，別人未必對你的私生活感興趣。
7. 和人一起叫計程車，請搶先坐在司機旁邊。
8. 堅持在背後說別人好話，別擔心這好話傳不到當事人耳朵裡。好話與壞話一樣，都擁有最快的傳遞介質。
9. 有人在你面前說某人壞話時，請笑而不語。

10. 自己開小車，不要特地停下來和騎腳踏車或步行的同事打招呼，也許他會認為你在炫耀。
11. 同事生病時，去探望他，要自然親近地坐在他的病床上，回家再認真洗手。
12. 不要把過去的事全讓人知道，對你來說過去應該是祕密。
13. 尊敬那些不喜歡你的人。
14. 對事不對人；對事無情，對人要有情；做人第一，做事其次。
15. 記住一點，自我批評總能讓人相信，自我表揚則不然，不要讚美自己。
16. 沒有什麼東西比讚美更能提升你的交際氣場了，所以，平常不要吝惜你的喝采聲。
17. 不要把別人對你的幫助視為理所當然，要知道感恩，不懂感恩的人早晚會被人拋棄。
18. 學會傾聽。只講不聽，最終你會無人問津，只能自言自語。
19. 尊重和善待每一個人，包括街頭的乞丐。
20. 說話的時候記得常用「我們」開頭，拉近彼此的心理距離。
21. 為每一位上臺唱歌的人鼓掌，當你在外面玩的時候。

22. 有時需要明知故問：「嗨，瑪麗，你的鑽戒很貴吧！」有時，即使想問也不能問，比如：「嘿，美女，你多大了？」
23. 話多必失，人多的場合少說話。
24. 把還未說出口的「不」改成：「這需要時間」、「我盡力」、「我不確定」、「當我決定後，會打電話給你」……
25. 不要期望所有的人都喜歡你，這是不可能的，讓大多數人喜歡就是成功。
26. 自尊，但不可自戀；自信，但不能自大。
27. 如果你在表演或者在演講，只要有一個人在聽，你也要用心地繼續下去；即使沒有人喝采，也要認真完成這件事。因為這是你的成功之路，不是聽眾的。
28. 對別人的疑問做到有問必答，哪怕他的問題顯得很弱智。你的認真回答會給他很大的激勵，並留下良好的印象。
29. 不要厭惡別人指出你的缺點，缺點是與快樂相伴隨的，因為這意味著你得到了一個反思的機會。
30. 不要隨便幫別人出主意，尤其是與家庭矛盾相關的問題，除非他（她）受到了傷害。
31. 知恥者可敬。不知恥者可悲。

32. 不要在意別人的錯誤，這個世界上多的是眼睛裡容不下沙子的人，卻忘了寬容才是最受歡迎的美德。當你因為別人的錯誤而生氣時，其實也在給別人厭惡自己的機會。
33. 任何時候，都不要斤斤計較。學會大方，才有人緣。
34. 優點不需要聲張，缺點也不必掩蓋。
35. 反省，是最重要的精神，最好每天一次。
36. 正確面對失敗，即使永遠失去了一個機會。因為上帝對每個人都是公平的。

與異性相處的技巧

如果一名男士只能給同性留下好印象，卻始終不能與女性建立友誼，始終不能散發出自身魅力，那麼毫無疑問，他對於魅力的塑造是失敗的。

對於同性而言，我們的交流方式會有一套較為完整的方案，尤其在正式場合；而想要接近異性，則主要展現在細節之上。也許，不經意的一個小舉動、一句話，就會讓對方立刻感受到我們的魅力所在。

讓自己別具一格

所謂別具一格，就是要摒棄一般的做法，採用更加新穎、別緻的說話方式。比如遇到一位優秀的女性，千萬不要急著對她進行讚美，因為你的溢美之詞可能只不過是在重複別的男人曾對她說過的話。對她而言，她已煩得時常感覺自己像個留聲機了。

你要做的就是要別出心裁、獨具一格，以此來證明你的獨一無二和她的獨一無二。比如當大家都在以贈送鑽戒給自己的女友為時尚時，你卻讚美她那一雙毫無修飾的纖纖素手，說這雙手如果戴上了鑽戒是被玷汙了，也就是說多一分或少一分都將破壞這雙手的美感。諸如此類，不一而足。當你的語言讓她感受到驚喜之時，必然會對你產生深刻的印象。

當然，在與異性接觸之時，我們必須保持自然而然的交往方式。在社交場合，女性最討厭的男人有兩種，一種是不合群的，這類男人常常是與別人交談毫無興致；而另一種人則喜歡饒舌，不顧別人感受而一味表現自己。較受歡迎的做法是自然輕鬆地與女性交往，不令女性反感或尷尬。這種親切自然的交往方式，會使女性對你解除警戒，並對你留下較佳的印象。

恰如其分地「附和」對方

「附和」是表示專心傾聽對方說話的最簡單的訊號，展現談話雙方的情感交流。真正用心聽他人談話時，總會發現談話中有自己不懂的、有趣的或令人拍案叫絕的地方。如果能夠將聽時的感想積極地表現出來，隨聲附和，在談話中加入「原來是這樣，真是很有意思」、「過去我還沒有發現這樣的樂趣」等語言，會讓異性感到你是一個願意交流、願意分享快樂的人，隨意對你的印象分自然水漲船高。

適當沉默並且微笑

在一個出色但又較為陌生的女性面前，你可能會情不自禁地想表現自己，此時你一定要記住；言多必失，當心一不留神露出了你的軟肋。沒有一位女性會喜歡上一個囉嗦的男人。女人更願意相信，話少的男人具有權威性和可信度。

當然，你也不能完全「沉默是金」，如此你便徹底地消失了。你要以盡可能少的話語和盡可能多的微笑來打動她。適當的沉默加稍多的微笑，可是利器一件。此時，你所說的話可真稱得上是字字珠璣。

注意好說話分寸

雖然說交流在於「無話不談」，但對於異性來說，不代表什麼話都能說，過於私密的話最好還是不要說，特別是關於男女之間情愛的話題，即便是說了也僅限於傾訴，不要隨便給對方建議，更不要刻意去表現。

人心都是肉長的，男女之間的感情很微妙，太近了不好，太遠了也不好。你應該和你的女神自然地相處，心裡有雜念也不要在她面前表現出來，不管來往多密切，都要把握好分寸。

幽默地讚美事業型女性

如果對方為事業型的女性，那麼一味讚美她的美貌，反而會產生相反的效果。這個時候，你更應該讚美她的工作能力與工作業績：「你能在事業上取得這麼大的成就，真令我們汗顏，巾幗不讓鬚眉，我真感覺到女性越來越有作為了！」對方聽到此番誇獎會對你產生好感，因為你不但肯定了她的成就，而且提高了女性的地位。

別在稱呼上犯錯

出席各種場合、商業活動，免不了與其他人交流。對於禮儀，我們可以做到得體大方，讓人留下深刻的印象；但是有一個細節是不可忽視的 —— 稱呼。

很多男性，尤其需要經常出席各類活動的商務男士，都對稱呼不會太熟知。儘管這只是一個小細節，但如果使用不當，例如面對一名陌生人時直呼其名，就會顯得非常不尊重，成為嚴重的失禮行為。

人際交往，禮貌當先；與人交談，尤其在重要的商務場合，倘若對稱呼的細節不注意，很容易出現誤會，貽笑大方。正確使用稱謂，這是社交活動的基本禮貌，尊重、親切、文雅，會讓雙方心靈溝通更為融洽，是男士人際交往中不可缺少的禮儀因素。

懂得禮儀的男士，會特別注意稱呼。恰當的稱呼能夠迅速拉近你與對方的關係，尤其當對方的地位較高時，你如何稱呼更成了樹立形象的重要方法。如果你不注意這一點，對方勢必會認為你是一個不懂得尊敬的人，那麼對你的好感自然也就成了空談。

那麼，我們該如何正確稱呼對方呢？

1. 禮貌

禮貌是稱呼他人的第一原則。交際時，稱呼對方要用尊稱。尤其在莊重的交際場合忌用，小名、綽號等。

2. 適度原則

稱呼不可過分，一定要適度，不要為了討好對方而刻意拔高對方身分，如將「副廠長」成為「廠長」。否則，其他人會認為這是阿諛奉承的表現。越是正式的場合，稱呼就要越是精準。

3. 場合

根據場合的不同，稱呼需要有所調整。例如與一名醫生交流，在醫學類的會議上，不妨稱其為「老師」，而在私下聚會可成為「醫師」，這樣顯得更加得體和親切。

掌握這三個原則，稱呼時就能做到精準、精確，讓對方對我們的禮儀無可挑剔。

正式場合要尊稱

出席正式商業活動，一定要要注意稱呼，盡量以「姓加職務、職業稱謂」、「名加職務、職業稱謂」、「姓名加職務、職業稱謂」相稱。如「趙董事」、「甄會長」等等。這樣，對方就會有一種滿足感，從而對你的印象加深。

工作中以職稱稱呼

工作中的稱呼，盡可能以職稱相稱，並需要注意三種情況：

1. 職稱。

例如「教授」、「講師」等。這種稱呼方式相對隨意，多用於私下稱呼。

2. 職稱前加上姓氏。

例如「呂工程師」、「馮導演」。這種稱呼方式較正式，多用於當眾稱呼。有時，這種稱呼也可加以約定俗成的簡化，例如將「馮導演」簡稱為「馮導」，但使用簡稱應以不發生誤會或歧義為限。

3. 職稱前加上姓名。

例如「某某教授」、「某某醫生」等等。這種稱呼主要適用於正式場合的介紹。

對朋友、熟人的稱呼

倘若我們出席的活動以熟人和朋友為主，這時候稱呼可以適當親切、友善一些，以展現彼此之間的關係。這時候，我們可以遵循一下這幾個原則：

對長輩或有地位、有身分者，大都可以稱之為先生。例如，稱呼我們已經熟知的前輩為吳先生最為得體。

對同行中的前輩或社會上的德高望重者，通常可稱之為「公」或「老」。具體做法是在其稱呼前加上對方的姓氏。例如楊公、夏老。

遇到非常熟悉的朋友，可以只呼其姓而不稱其名，僅在前冠以老、大、小。具體做法是：對年長於己者或平輩稱老、稱大，對年幼於己者或晚輩稱小。例如，老高、小狄。不過，這種稱呼僅限於私下的交流，倘若出席正式活動，一定要按標準的方法來稱呼。

對陌生人稱呼

在某些場合，我們會遇到陌生人，並且一時尚且不知他的社會地位和職業屬性，這時候應當根據對方的具體年齡、性別等情況稱「先生」、「小姐」等。對男人一般可以稱「先生」，未婚女子稱「小姐」，已婚女子稱「夫人」或「太太」，若已婚女子年齡不是太大，叫「小姐」，對方也絕不會反感。

需要注意的是，如果對方明顯沒有結婚，那麼我們千萬不可稱其「夫人」，因為這是一種極大的不尊重。所以，寧可把「太太」、「夫人」稱作「小姐」，也絕不要冒失地稱對方為「夫人」、「太太」。

國際活動上的稱呼

參加國際活動，稱呼更要有所注意。對於國際交往，我們需要根據國情、民族、宗教、文化背景的不同，對稱呼有所調整。一般來說，在政務交往中，常見的稱呼除「先生」、「小姐」、「女士」外，還有兩種方法：一是稱呼職務（對軍界人士，可以以軍銜相稱），二是對地位較高的稱呼「閣下」。

在歐洲國家，人們稱呼軍界人士時，大都習慣於只稱呼其軍銜，而不稱呼其職務。其基本方式有四種：

1. 只稱呼軍銜。

例如將軍、中校、少尉等等。

2. 在軍銜之後加上先生。

例如少校先生、上尉先生等等。

3. 在軍銜之前加上姓氏。

例如，大衛元帥、史密斯將軍等等。

4. 軍銜與姓氏、先生一起相稱。

例如，布萊德雷上將先生。

這四種方式，根據場合的定位不同有所區別。場合越正式，級別就越高。正式場合，一定要使用「軍銜＋形式＋先生」的形式。

如果我們參與的活動，是英國、荷蘭等君主立憲制為主的國家，與會人員同時還有皇家家族人士，那麼稱呼更應當小心謹慎。對於國王、皇后，可稱為「陛下」；王子、公主、親王等可稱為「殿下」；對有公、侯、伯、子、男等爵位的人士既可稱其爵位，亦可稱「閣下」。倘若對這些爵位並不熟悉，那麼應當提前做好相關課程查詢，不確定時可稱呼為「先生」。

倘若與會人員有教會人員，那麼我們可稱教會的職稱或姓名加職稱，如「彼得神父」；也可以職稱加「先生」，有時主教以上的神職人員也可稱「閣下」。

對自己謙稱

在一些商務場合，為了展現自己對於對方的尊重，這時候就要對自己謙稱。謙稱的使用，需要根據場合和對方的身分進行調整：

如果參與活動的主要人士為長者，並且多數對傳統文化較為了解，這時不妨使用傳統謙稱，例如直接用貶義詞自稱及稱與己相關的事物：「愚」、「敝」、「鄙」、「拙（稱自己夫人時用「拙荊」）」、「犬（稱自己的兒子時用「犬子」）」等構成的稱呼語。

在以學者為主要構成的商業活動中，可以用低下地位稱呼自己：「晚生」、「學生」、「在下」。

多數的商業活動，我們都可以直呼自己的名字，不帶姓氏，這樣能讓對方感受到彼此的距離很近，沒有隔閡感，顯得更為親切。

如何恰當地稱呼，這不僅是自身魅力的展現，更反映出了自身的素養和學識。沒有人喜歡素養低的人，所以在與他人交流之時，一定要注意好稱呼的細節，這樣才有助於塑造自身的高級形象。

隨意不隨便

出席各類商業活動，我們經常會在正式會議之後，受邀參加隨後的自助晚宴。自助晚宴，它本是西方社會的一種非正式的宴會，近些年傳入亞洲，也成為政務活動中會遇到的一種宴會形式。一般來說，在重大的獲益和政務活動之後，主辦方都會舉行盛大的自助晚宴，用輕鬆的氛圍，為所有來賓帶來更為輕鬆的交流時光。自由隨意，是自助晚宴的核心。

不過，自助晚宴雖然隨意，但是意味著我們就可以隨便嗎？

自助晚宴的特點

在西方，自助晚宴又被稱為「冷餐會」，它的特點就在於輕鬆自在。所有來賓既可以坐著吃，也可以站著吃，或走去與他人聊天、乾杯；可以無需顧忌座次安排，與他人坐在一起或獨自坐在一個角落。因為是自助的緣故，所以每個人可以完全依據自身食量進餐，無論吃多吃少都不會被限制。

與此同時，自助晚宴的環境氛圍也較為輕鬆自在。自助晚宴沒有過分複雜的儀式，食品全部擺在長桌上，供個人挑選；同時，自助晚宴還會配合優雅的音樂，部分自助晚宴甚至還提供舞池，供男女嘉賓翩翩起舞。

自助晚宴看似隨意，但它提供的功能不在於「吃」，而是一個社交場合 —— 便於走動、輕鬆自在，彼此可以輕鬆地說話、聊天。所以，自助晚宴同樣需要遵循社交場合的禮儀規範，注意自己的言行，這樣才能塑造自身的高格調形象。

換而言之，自助晚宴，是一種輕鬆版的正式場合。雖然與商務會議相比它輕鬆了許多，但是這其中的很多禮儀細節，同樣不可忽視。尤其是對於菜品的選擇、用餐時的姿態，都影響著我們的形象。

排隊取菜，不要挑三揀四

享用自助晚宴的人很多通常會很多，不要和別人擠、搶，要排隊取菜。在取食物之前，最好先將食物瀏覽一遍，知道自己想吃什麼不吃什麼，避免取菜時猶豫再三，耽誤他人的時間，更不能在取菜時挑三揀四。取菜完畢要迅速回到座位上，不要端著盤子在餐廳裡走來走去，避免將菜餚、湯汁碰灑到他人身上。這是吃自助餐時最基本的禮儀。

避免狼吐虎嚥

用餐一定要注意吃相，雖然自助餐的形式比較隨意，但不可狼吞虎嚥、杯盤狼藉、大聲喧譁，這都會讓人留下不懂禮儀的壞印象。同時，還要注意環境衛生，離開之前，最好將餐桌稍加整理為好，這也是尊重他人勞動的一種表現。

正確使用餐具

倘若參加由他人舉辦的自助晚宴，一定要正確學習西餐餐具的使用。西餐餐具講究流程和禮儀，一旦錯誤頻出，必然會讓主辦方、與會人員留下不好的印象。通常來說，第一次取食物時，應該用餐巾裹住刀叉，放在盤子的底部，用手夾住。第二次取食物時，將刀叉一併放到盤子上，用大拇指按住。用餐時，一旦遇到有骨、刺等異物，可以放在盤子邊上，也可以到服務臺上再取一個乾淨的盤子使用。

量力而行，杜絕浪費

自助餐的最大弊端就是吃著碗裡，看著鍋裡，浪費是經常遇到的事情。如今提倡節儉，因此，我們在吃自助餐時，一定要量力而行，吃多少，拿多少。如果你不能預估自己吃多少，那麼每次少拿一點，多拿幾次就可以了，不要怕麻煩，「多次少取」可避免浪費。切勿為了吃得過癮，而狂拿一通，結果力不從心，剩下好多食物。這樣不僅有失禮儀，更是素養低下的一種表現。

積極交際、加強溝通和交流

自助晚宴重點不僅僅在於吃，更在於利用這個場合拓展交際，加強和他人的溝通和交流。所以用餐之時，不要光顧自己拿、自己吃，也可以在他人允許的情況下替他人取食物，和他人適當的聊聊天，談談心。如果有他人向自己敬酒或和自己攀談，一定要熱情響應，以禮相待。自己也要主動尋找機會與他人交流和溝通，感謝主辦方的盛情招待，也可以藉此認識一些新朋友。

要記得這樣一個原則：自助晚宴吃不是主題，藉此擴大交際，向他人展示自己良好的禮儀和素養才是真正的目的。

避免外帶

近年來，越來越多人意識到了浪費的缺點，用餐結束後，通常都會選擇打包帶走，這是紳士行為的一種展現。不過在自助晚宴上，這種行為是大忌。通常來說，自助晚宴都有這樣一條不成文的規定：自助餐只許在用餐現場裡自行享用，而絕對不許對方在用餐完畢之後攜帶回家。所以，商務男士參加自助晚宴，即便當場吃了很多都沒有問題，但千萬不可選擇要求侍者打包。否則，這一定會成為當天的笑話！

杜絕「中式」關心

亞洲的晚宴，具有熱情招待的特點，非常關心來賓的用餐情況，會幫助他們選擇各類菜品，必要時還會有一定的行酒活動。但是這種關心，在西方人士為主的冷餐晚宴上卻非常不適合。西方人通常習慣「獨立空間」，太過熱情的招待，反而會嚇跑對方。所以，在自助晚宴上，我們可以在對方樂意的前提下，向其具體提出一些關於選取菜餚的建議，但是絕不能自作主張地為對方直接代取食物，更不允許將自己不喜歡或吃不了的食物「處理」給對方吃。

準備適合的自助晚宴食物

倘若我們是活動的召集人，那麼在進行自助晚宴籌備時，必須對食物進行仔細篩選和準備。首先，我們要明白：冷餐會不是正餐，而且是在站立中進行的，一般不提供刀叉之類的餐具，所以在食品的供應中，要充分考慮到這個特點，所提供的食品應形態小、美觀、味清淡、汁水少，適合於賓客直接用手取用，或藉助於牙籤便可食用。

與此同時，自助晚宴屬於西式非正式用餐活動，所以對於食品的準備，應當多遵循西方原則，尤其在有西方人士參與之時。通常來說，我們提供的品種主要包括：果盤、各式小食、小點心及 Canapé。Canapé 源自於法語，意指可口的小點心，是將吐司切成小片墊底，上面可放魚子醬、起司、義大利香腸、各種冷切肉或慕斯狀的食品，然後用瓜果、蔬菜進行點綴。

Canapé 是最受西方客人歡迎的食品，所以 Canapé 的選擇一定要豐富、可口。Canapé 可以分為冷熱兩種，熱品種包括小餡餅、小羊排、炸蝦條等。它的原料選擇廣泛多樣，很適合客人用手拿著吃。

電子書購買

爽讀 APP

國家圖書館出版品預行編目資料

魅力男人學，形象專家幫幫忙：風華萬丈，塑造獨一無二的外在形象，男人形象魅力的完美塑造 / 高麗 著 . -- 第一版 . -- 臺北市：崧燁文化事業有限公司 , 2024.04

面；　公分

POD 版

ISBN 978-626-394-147-2(平裝)

1.CST: 男性 2.CST: 男性氣概 3.CST: 形象

173.32　　113003505

魅力男人學，形象專家幫幫忙：風華萬丈，塑造獨一無二的外在形象，男人形象魅力的完美塑造

臉書

作　　者：高麗

發 行 人：黃振庭

出 版 者：崧燁文化事業有限公司

發 行 者：崧燁文化事業有限公司

E-mail：sonbookservice@gmail.com

粉 絲 頁：https://www.facebook.com/sonbookss/

網　　址：https://sonbook.net/

地　　址：台北市中正區重慶南路一段六十一號八樓 815 室

Rm. 815, 8F., No.61, Sec. 1, Chongqing S. Rd., Zhongzheng Dist., Taipei City 100, Taiwan

電　　話：(02) 2370-3310　　　傳　　真：(02) 2388-1990

印　　刷：京峯數位服務有限公司

律師顧問：廣華律師事務所 張珮琦律師

定　　價：399 元

發行日期：2024 年 04 月第一版

◎本書以 POD 印製